잡담의 힘

호감 가는 사람들의 5가지 대화 패턴

잡담의 힘

이노우에 도모스케 지음 · 류두진 옮김

포레스트북스

‘업무를 일찍 마무리했는데도 옆사람과 무슨 얘기를 나눠야 할지 몰라서 그냥 일하는 척한다.’

‘가벼운 잡담을 할 줄 몰라서 사람들 만나기가 겁난다.’

‘누구하고도 재미있게 수다를 떠는 ○○ 씨가 부럽다.’

‘내 인간관계는 상당히 건조하고 사무적으로 느껴진다.‘

이 책을 손에 든 당신이라면 이런 고민을 하고 있겠지요. 이제 마음 놓으세요. 누군가를 만날 생각만 하면 도대체 무슨 말을 해야 하나 싶어 스트레스를 느끼는 일은 앞으로 없을 겁니다. 말주변이 좋거나 늘 풍성한 대화 소재를 가지고 다니는 동료들을 따라 할 필요도 없습니다. 물론 부러워할 필요도 없고요. 이 책에서 ‘스트레스를 느끼지 않는 잡담 방법’을 알려드릴 테니까요.

아마도 당신은 잡담에 서툴다는 단점을 극복하기 위해 유머 책을 사서 보거나 인터넷에서 핫한 화젯거리를 찾아봤을 겁니다. '내일 거래처 영업부장을 만나면 이 얘길 써먹어야겠다' 하고요. 그러나 막상 실전에서는 머릿속이 새하얘지는 바람에 써먹지 못했을 테고, 혹시 써먹으려고 시도했더라도 분위기만 더 썰렁하게 만들었을지 모릅니다. 이런 일이 몇 번 반복되다 보면 잡담 하나 제대로 하지 못하는 자기 자신이 실망스럽고 짜증도 날 것입니다. 자신감도 갖지 못하게 되지요.

하지만 안심하세요. 이 책에는 당신이 지금까지 품어왔던 고민을 해결할 요령이 가득 담겨 있으니까요. 앞으로는 잡담이 필요한 상황에서 겁을 먹을 일도, 잡담이 생각만큼 매끄럽게 나오지 않아 의기소침할 일도 없을 겁니다.

저는 정신건강의학과 의사이자 산업의(직장에서 근로자의 건강을 관리하는 의사 - 옮긴이)인 이노우에 도모스케라고 합니다. 정신건강의학과 의사로서 외래 진료를 할 뿐만 아니라, 산업의로서 한 달에 40곳이 넘는 업체를 방문해 많은 직장인의 고민을 상담해주고 있습니다.

진료나 상담을 하다 보면, 잡담에 서툰 탓에 직장에서 관계가 잘 형성되지 않아 스트레스를 받는 사람을 자주 만납니다. 그래서 인간관계로 고민하는 사람들에게 스트레스받지 않고 능숙하게 잡담하는 방법을 전해주고 싶어서 이 책을 썼습니다. 다만, 어떤 주제에서는 당신이 지금까지 알아봤던 방법과는 관점이 다를 수도 있습니다. 저는 정신건강의학과 의사이지 커뮤니케이션 전문가는 아니거든요.

분명 잡담은 커뮤니케이션의 일종입니다. 하지만 커뮤니케이션의 바탕은 '기술'이 아니라 '사람의 마음'이라는 점을 잊어서는 안 됩니다. 지금까지 당신이 그렇게 노력했는데도 고민이 해결되지 않은 이유는 나무만 보고 숲을 보지 못했기 때문입니다. 한 걸음 물러나 여유롭게 바라보는 연습도 꼭 필요합니다.

　이 책에서는 정신건강의학과 의사로서의 경험을 기반으로 누구나 쉽게 적용할 만한 방법을 소개합니다. 평소에 사람의 마음을 다루는 저이기에 색다른 방법론을 많이 전해줄 수 있다고 자부합니다. 물론 잡담에 조금 능숙해졌다고 해서 곧장 모든 이성이 호감을 보인다거나 업무 성과가 눈에 띄게 좋아진다거나 하는 마법 같은 일이 일어나는 건 아니겠지요. 하지만 매일 머릿속에 먹구름이 잔뜩 끼게 하던 스트레스에서 해방되는 것만으로도 대단히 멋진 변화가 아닐까요?

　'오늘도 처음 보는 사람과 만나는 일정이 있구나. 싫다, 싫어.'
　'아, 피곤하다. 어서 이 자리를 벗어나 혼자 조용히 있고 싶다.'

이런 고민만 없어져도 당신은 지금보다 훨씬 행복하게 살아갈 수 있을 겁니다.

이 책에서 소개하는 잡담 요령은 정신건강의학 및 심리학 전문가들 사이에서도 통용되는 방법입니다. 병원 등에서 활약하는 카운슬러도 실제로 활용하고 있습니다. 이런 전문적인 요령들 가운데 효과를 실감하기 쉬운 방법을 중심으로 정리했으며, 어떤 상황에 처한 사람이라도 일상생활에서 사용할 수 있도록 재구성해 소개했습니다. 책을 읽다 보면 잡담을 새로운 관점으로 보게 되고, 뿌옇기만 하던 시야가 활짝 열릴 겁니다.

잡담을 통해 상대방뿐만 아니라 자신도 행복을 느낄 수 있는 새로운 세계가 있다는 사실을 꼭 확인해보길 바랍니다.

이노우에 도모스케

차례

스트레스를 만들어내는 잡담에 관한 오해

스트레스를 느끼지 않는 잡담의 목적

잡담에 꼭 필요한 자아 개방

대화가 끊길 염려가 없는 만능 화제

단계 4

스트레스 없는 듣기의 기술

단계 5

쌓아 올린 신뢰를 무너뜨리지 않는 말하기

스트레스를 만들어내는
잡담에 관한 오해

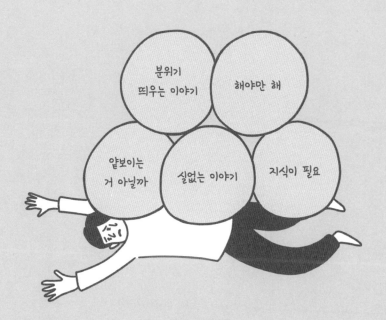

CHATTING
WITHOUT
STRESS.

무리한 잡담은 독이 된다

잡담은 무리해서 하지 않아도 된다

이 책을 펼쳐 든 당신은 아마 잡담에 관해 쓰라린 기억이 있을 겁니다. 저는 정신건강의학과 의사이자 산업의로 근무하면서 많은 사람의 고민을 들어왔습니다. 그중에서도 다음과 같은 상담을 자주 받습니다.

"어느 부서로 배치받든 동료들과 대화를 잘 이어가지 못합니다. 그래서 늘 외톨이 신세라 사무실이 너무 불편해요."

"영업하면서 분위기 좀 띄워보려고 잡담을 하면 항상 분위기가 싸해지더라고요. 그럴 때마다 스트레스가 쌓입니다."

이런 사람들에게서 보이는 공통점은 자신이 잡담을 못한다고 생각한다는 것입니다. 당신도 처음 보는 사람과 인사를 나눴지만, 대화는 두 마디 만에 끝나버리고 어색한 침묵이 이어진 적이 있지 않습니까? 일테면 출근길에 다른 부서 과장님을 만났는데 회사까지 뚜벅뚜벅 구두 소리만 났던 기억, 있지 않은가요? 아마 둘 다 속으론 이렇게 생각했겠지요. '조금만 늦게 오거나 일찍 올 걸.'

이처럼 지인과 단둘이 남겨지는 상황에 부닥쳤을 때 당신은 무의식중에 '아무 말이라도 해야 해'라고 생각했을 겁니다. 직장인들에게 제가 가장 자주 받는 질문이 그런 종류입니다.

"평소에 볼 일이 거의 없는 회사 지인을 엘리베이터에서 만났을 때, 어떤 말을 해야 좋을까요?"

제 대답은 이것입니다.

"잡담은 무리해서 하지 않아도 됩니다."

제 대답이 의외라고 생각되시죠? 잡담을 잘하고 싶어서 이 책을 읽고 있을 테니까요. 그렇지만 저 말이 정답입니다. 말을 꺼내기가 어렵다는 생각이 들 때는 무리하지 않는 편이 좋습니다. 그 이유는 심리학적인 관점에서 생각해보면 명확합니다.

부정적인 감정은 전염된다

압박감을 느끼면서 하는 잡담에는 상대방에게 부정적인 인상을 전달하는 메커니즘이 있습니다.

뭔가 불안함을 느꼈을 때 '침착하자. 불안해하는 걸 들키겠어'라고 의식하는 바람에 오히려 불안을 더 키웠던 경험이 있지 않은가요? 이는 상대방이 자기 속내를 읽고 있다고 굳게 믿는 '투명성 착각 illusion of transparency'이라는 현상입니다. 그러면 다음에는 '정서적 전염 emotional Contagion'이라는 현상이 일어납니다. 아기가 웃는 모습을 보면 자기도 모르게 미소가 지어지지요. 한편 슬퍼하는 사람을 보면 나까지 슬픈 마음이 들 때가 있습니다. 이처럼 사람의 감정은 소리와 마찬가지로 공명을 일으킵니다. 즉 당신의 불안이나 긴장이 전해지지 않았는데도 '불안이 전해지고 있을지 몰라'라는 생각 때문에 쓸데없이 불안이 커지고, 그 탓에 정말로 상대방에게 불안이 전해지는 겁니다.

이 메커니즘에서 생각해보면, '말을 꺼내기 어렵다'라는 부정적인 감정을 갖고 있을 때 무리해서 잡담을 하면 그 부정적인 감정을 상대방에게 전하게 됩니다. 좋은 의도로 했던 커뮤니케이션이 오히려 관계를 악화시킬 가능성이 있다는 뜻입니다.

잡담 '고수'가 될 필요는 없다

잡담에 대한 위험한 고정관념

당신에게 그토록 고민을 안긴 잡담이란 대체 무엇일까요?
어떤 사전에서는 '잡담'이라는 단어를 이렇게 풀이했더군요.

'여러 가지 내용에 관해 편하게 말하는 것 또는 그런 이야기. 두서없는 이야기.'

실제로도 잡담을 다음과 같이 생각하는 사람이 많은 것

같습니다.

- 실없는 대화
- 분위기 띄우는 대화
- 폭넓은 지식이 필요한 대화

결론부터 말하자면, 이런 선입견이 모두 스트레스의 원인이 됩니다. 지금까지 당신이 잡담을 이렇게 여기고 있었다면 다양한 상황에서 상당히 고생했을 겁니다.

우선 '실없는 대화'란 달리 표현하면 '목적이 없는 대화'입니다. 어떻게 보면 기준이 없고 대화의 종착점이 그때그때 다르다는 뜻입니다. 즉 상대방이나 상황이 바뀔 때마다 잽싸게 머리를 굴려 임기응변으로 대처해야 합니다. 말을 어떻게 이어나가고 끝맺어야 할지, 그런 생각만 계속하다가 지쳐버리고 맙니다.

한편 예능인처럼 소재부터 반전, 결말까지 완벽하게 갖춘 '분위기 띄우는 대화'를 떠올리는 사람도 많죠. TV에서 보는 예능인들의 잡담은 수다의 프로이기에 가능한 화술이자 '예술'입니다. 예술을 일반인이 흉내 낸다고 해서 잘될 리가 없으며, 오히려 '왜 난 안 되지?' 하고 자괴감만 느낄 것입니다.

'폭넓은 지식이 필요한 대화'의 경우, 상대방에 맞춰 화제를 꺼낼 수 있다면 이야기는 확장될 겁니다. 하지만 당연하게도 온갖 장르의 지식을 갖추기란 쉽지 않습니다. 지식의 양을 잡담에서 비장의 카드로 삼을 경우, 잘 모르는 주제가 나왔을 때 어떻게 대처해야 할지 알 수 없게 됩니다.

'잡담을 못하는 것'은 결점이 아니다

당신도 잡담에 대해 이런 선입견을 가지고 있다면, 주변의 '잡담을 잘하는 사람'을 떠올렸기에 생겨난 것일 수도 있습니다. 아마 그런 사람은 원래부터 순간적인 대처 능력이나 커뮤니케이션 능력이 뛰어날 겁니다.

만약 당신이 잡담을 못해서 고민하고 있다면, 잡담을 잘하는 사람을 참고하는 방식은 조금 위험합니다. 남의 특기

분야를 따라 해봤자 '그 사람은 잘만 하던데…'처럼 느껴져 오히려 자신감만 저하되기 때문입니다.

사람은 누구든지 잘하는 것과 못하는 것이 있습니다. 그런데도 예전부터 받은 교육 탓에 '전체적으로 평균점 이상을 목표로 하는 것이 좋다'라는 선입견이 쉽게 생겨납니다. 그러나 실제로 사회에 나와 보면 '전체적으로 평균점'이라고 해서 늘 좋게 평가받는 것은 아닙니다. 서툰 면이 있어도 뭔가 특출나게 잘하는 것이 있으면 좋은 평가를 받을 수 있으며, 그러면 업무에서든 일상에서든 스트레스 없는 환경이 됩니다.

잡담도 마찬가지입니다. 잡담을 잘하는 사람은 그 능력을 살릴 수 있는 곳으로 가면 되고, 서툰 사람은 다른 특기를 살리는 것이 살아가는 데 훨씬 유익한 방법입니다. 잡담을 못하는 것은 당신의 특징이지 결점이 아닙니다. 주변 사람들과 비교해가면서 '나도 잘해야겠다'라고 초조해할 필요는 없습니다.

'신뢰'와 '정보'를 얻는다

지금까지 설명했듯이, 잡담은 '꼭 해야 하는 것'이 아닙니다. 그렇다면 일상에서 잡담할 기회를 없애는 것이 좋을까요? 그렇진 않습니다. 압박감 없이 편안하게 나누는 잡담이라면 많은 이점을 얻을 수 있기 때문입니다. 실제로 저도 업무 중에는 적극적으로 잡담을 하는 편이며 그 혜택을 누리고 있습니다.

먼저 꼽을 수 있는 잡담의 이점은 상대방과의 거리감을

좁힐 수 있다는 것입니다. 잡담을 계기로 서로의 됨됨이를 알 수 있고 신뢰 관계가 형성되니까요.

또 잡담을 통해 사소하게나마 정보 교환이 가능합니다. 지금까지 당신이 몰랐던 세상을 즐기거나 사고방식을 접함으로써 지적 호기심이 채워질 때도 있습니다. 업무에 유용한 참신한 아이디어를 얻게 되기도 하죠.

스트레스를 해소하는 '약'이 된다

인간관계나 정보 면에서의 이점만 있는 것은 아닙니다. 스트레스를 느끼지 않는 잡담은 당신의 마음에도 좋은 영향을 줍니다. 잡담에는 '마음의 정화 작용'이 있습니다. 일종의 카타르시스라고 할 수 있죠. 직장에서라면 업무와 무관한 잡담이 기분 전환의 도구가 되어 머리를 쉬게 해줍니다. 당신에게 스트레스의 근원인 잡담도 잘만 사용하면 매일의 스트레스를 날려주는 고마운 존재가 될 수 있습니다.

이는 개인에만 해당하는 이야기가 아닙니다. 잡담 덕에 직장 전체의 활성화 정도와 행복감이 높아진다는 사실도 밝혀졌습니다. 최근에는 재택근무나 원격근무 등 온라인상의 상호작용이 늘어난 만큼 잡담할 기회가 많이 줄었죠. 그 때문에 스트레스를 제대로 발산하지 못해 힘들어하는 사람이 늘고 있습니다. 이런 점을 보더라도 잡담을 하는 것에 이점이 있다는 사실은 분명합니다.

이처럼 스트레스 없는 잡담은 우리 일상에 커다란 효과를 가져다줍니다. 꼭 잘할 필요는 없습니다. 일단 이 책을 통해 잡담을 '스트레스를 만들어내는 독'에서 '스트레스를 해소하는 약'으로 만들어갑시다.

이 책의 다섯 단계

잡담에서 스트레스를 느끼지 않으려면 다음의 다섯 단계를 순서대로 밟아가면서 포인트를 정리하는 것이 중요합니다. 이 책은 그 단계 순으로 구성되어 있습니다.

먼저 첫째는 '목적'의 설정입니다. 뭔가를 배우거나 연습할 때는 도중에 헤매지 않도록 이정표가 필요합니다. 어떤 상황에서도 중심축이 흔들리지 않는 잡담의 목적을 정합시다.

둘째 주제는 '자아 개방'입니다. 자아 개방은 잡담의 철칙인데, 이 단계에서 실수하는 사람이 많습니다. 그런 사람들을 위해 구체적인 실습 활동도 마련했습니다.

셋째는 '화제'입니다. 여기서는 화젯거리가 아니라 어떤 상대방에게도 쓸 수 있는 범용적인 규칙을 소개합니다.

넷째는 '듣기'입니다. 커뮤니케이션에서는 듣기 능력이 가장 중요하다고 알려져 있습니다. 잘 듣지 않는 사람들은 왜 그런 것이며, 어떻게 개선할 수 있는지까지 구체적으로 이야기하겠습니다.

그리고 마지막 단계는 '말하기'입니다. 여기서 소개하는 방식은 유창한 말하기가 아니라 신뢰 관계를 무너뜨리지 않는 말하기입니다. 앞의 네 단계에서 쌓아온 신뢰를 바탕으로 즐겁게 잡담을 할 수 있게 될 겁니다.

'잡담을 못한다'라고 느끼고 있는 당신도 사이좋은 친구나 가족과는 많은 이야기를 나누고 행복을 느낄 겁니다. 누군가와 즐겁게 이야기를 나눈 덕분에 그날 하루가 알차다고 느끼는 사람도 있습니다. 스트레스를 느끼지 않는 커뮤니케이션은 원래 즐거운 법입니다. 이 책을 읽고 어떤 상대방과도, 어떤 상황에서도 당신이 잡담을 즐길 수 있게 되길 바랍니다. 그럼 이제 한 단계씩 나아가볼까요?

단계1

스트레스를 느끼지 않는
잡담의 목적

CHATTING
WITHOUT
STRESS.

목적을 바꾸면

잡담이 편해진다

스트레스가 늘어나는
잘못된 목적

이제부터 스트레스 없는 잡담의 이정표가 되는 '목적'을 생
각해봅시다. 잡담의 목적이라고 하면 보통 다음과 같은 것들
을 떠올립니다.

- 영업 업무에서 본론으로 들어가기 전 분위기 띄우기
- 비즈니스 거래로 연결하기

이 항목들 자체가 틀린 것은 아닙니다. 다만 이 목적이 스트레스의 원인이 될 가능성도 있습니다. 예를 들어 다음 두 가지는 특히 잘못된 목적입니다.

① 친밀도를 높이기 위해

잡담이 친밀도를 높인다는 견해는 틀리지 않지만, 절대 모든 사람에게 해당하는 말은 아닙니다. 직장에서 '저 사람과 친밀도를 높이고 싶다'라고 생각하며 잡담하는 사람은 드물지 않을까요?

예를 들어 당신은 잡담 상대방인 상사나 거래처 직원, 그냥 얼굴만 아는 사람과 어디까지 친밀도를 높이고 싶습니까? 본심이 아닌 것을 목적으로 삼아봤자 과정이 매우 고통스럽고 밑천만 드러날 뿐, 결과적으로 커다란 스트레스를 느끼게 됩니다.

②시간을 때우기 위해

　잡담의 목적을 '시간을 때우기 위해'라고 생각하는 사람
도 있을 겁니다. 하지만 때와 장소에 따라 그 시간은 달라집
니다.

　예를 들어 미팅에서 처음 보는 사람과 마주 앉았다면 처
음 5분 정도 가볍게 잡담을 나눌 수 있겠죠. 한편 근처 마트
에 장을 보러 갔다가 우연히 이웃집 사람을 만나 집까지 함
께 돌아온다면 10분 정도는 잡담을 해야 합니다. 이처럼 상황
에 따라 시간의 길이에 맞는 잡담을 펼쳐나가기란 매우 어렵
습니다. '시간을 때운다'라는 목적은 당신에게 커다란 부담을
주게 되죠.

잡담의 목적은 '대접하기'

당신이 무리하지 않고 잡담을 할 수 있도록 제가 추천하고
싶은 목적은 바로 '대접'입니다. 왜 대접을 목적으로 해야 할
까요? 상대방을 대접함으로써 당신 자신에게 좋은 영향을

줄 수 있기 때문입니다.

누군가에게 친절을 베풀고 나서 마음이 훈훈하고 따뜻해 졌던 경험, 혹시 없나요? 대접을 하면 우리 몸에서는 옥시토 신이라는 호르몬이 분비됩니다. 그러면 불안이나 긴장이 완 화돼 기분이 편안해지고 행복감이 높아집니다. 기분이 긍정 적으로 바뀐다는 보고도 있습니다. 그래서 '대접하는' 잡담을 하면 자신의 불안이나 긴장이 해소돼 편안해지는 것입니다.

당신이 대접을 하면, 상대방도 당신과 보내는 시간을 기 분 좋게 느끼기 때문에 마음을 쉽게 엽니다. 그리고 당신에 게 애착을 가지므로 신뢰를 기반으로 관계를 만들어나갈 수 있습니다.

잡담에도 제한 시간이 있다

좋은 효과가 있다고 하더라도 줄곧 '대접'을 이어가기란 어렵 다고 생각하는 사람도 있을 겁니다. 하지만 안심하세요. 잡담 에는 반드시 종료 시간이 있기 때문입니다. 공통 화제가 거의 없는 상대방과 1시간이나 잡담하는 상황은 거의 없다고 생각해도 좋습니다. 길다고 해봐야 20분 정도가 아닐까요?

아무리 잡담이나 대화가 서툴러 어색한 시간이 계속된다고 해도, 언젠가는 반드시 끝나는 시간이 찾아옵니다. 도중에 침묵이 이어질 때 '뭔가 말을 해야 해'라며 조바심이 나는 경우도 있겠지요. 그럴 때는 마치 남 일인 듯 속으로 다음과 같이 속삭여보세요.

'뭐, 어색해도 금방 끝날 거니까 괜찮아.'

이렇게 생각하면 자기 자신을 거리를 두고 바라보는 상태가 되면서 자연스럽게 마음이 편안해집니다. 이런 심리 상태라야 비로소 '대접'이 가능합니다.

'인사'만 잘해도
절반은 성공이다

첫인상이 중요한 이유

목적이 '대접'이라면 어떤 상황에서도 망설임 없이 잡담을 할 수 있습니다. 그리고 대접은 상대방과의 심리적인 거리를 좁힐수록 더욱 효과적입니다. 사실 말 한마디로 거리감을 훨씬 좁힐 방법이 있습니다. 바로 '인사'입니다. 인사를 통해 첫인상이 크게 달라집니다. 맨 처음 인사를 제대로 못 했다면 이후에 아무리 노력해도 웬만해서는 거리감이 좁혀지지 않습니다.

사람이 뭔가를 판단할 때는 무의식중에 과거에 있었던 경험이나 정보를 가져와 비교합니다. 당장의 순간만이 아니라 지금까지 보고 듣고 생각해온 것이 판단에 영향을 미치는 겁니다.

미국의 심리학자 티머시 윌슨Timothy Wilson에 따르면, 인간은 1초에 1만 4,000가지의 시각 정보를 받아들인다고 합니다. 그리고 그중 40여 가지를 처리해 순간적으로 여러 가지를 판단한다고 하죠. 길을 걷고 있는데 갑자기 트럭이 당신을 향해 달려오더라도 어느 쪽으로 피해야 할지를 순간적으로 판단할 수 있는 것도 다 이 때문입니다. 이를 '적응 무의식adaptive unconscious'이라고 부릅니다.

적응 무의식은 처음 보는 사람에 대해서도 작용합니다. 그렇기에 처음 봤을 때 소곤소곤 작은 목소리로 인사하면 상대방은 당신이 뭔가 꿍꿍이를 숨기고 있는 건 아닌가 하고 생각하게 됩니다. 예전의 경험을 바탕으로 당신에 대한 경계심이 강해지는 거죠.

사람의 인상은
2초 만에 결정된다

아주 흥미로운 실험을 소개하겠습니다. 미국 스탠퍼드대학교의 낼리니 앰버디 Nalini Ambady 교수는 처음 보는 학생과 교사에게 서로 커뮤니케이션을 하게 했습니다. 2초, 5초, 10초, 그리고 몇 분 동안이라는 식으로 점차 시간을 늘려가면서 같은 상대방과 여러 차례 대화하게 했습니다. 그런 다음 학생들에게 교사에 대한 인상을 확인했습니다.

그랬더니 2초 후의 인상과 5초 후의 인상, 그리고 그 후로 몇 분이 지나더라도 인상이 달라지지 않았습니다. 즉 처음 2초 만에 상대방의 인상이 결정됐다는 뜻입니다. 이후로는 몇 분이 지나든 웬만해선 인상이 달라지지 않는다는 사실이 밝혀진 것입니다.

잡담 상대방과의 관계가 소원하면 소원할수록 처음 2초 동안에는 인사를 하게 되는 경우가 많습니다. 인사를 잘하면 당신에게 긍정적인 감정을 갖게 할 수 있으며, 좋은 커뮤니케이션 출발점에 설 수 있습니다.

또 인사란 상대방의 존재를 제대로 인정하는 행위입니다. 이는 상대방의 인정 욕구를 충족시키는 효과가 있다는 뜻입니다. 만약 당신이 출근했는데 동료들 중 누구도 인사로 맞아주지 않는다면 어떤 기분이 들까요? 아마도 충격을 받을 것입니다. 무의식의 범주일 수도 있겠지만, 인사를 받으면 '내가 여기에 존재해도 되는구나'라는 생각이 듭니다.

이처럼 인사는 잡담 이전에 인간관계 자체에 커다란 영향을 줍니다. 다른 사람과 말하기가 힘들다고 느낀다면, 먼저 인사부터 신경 써보세요.

호감 가는 인상을 만드는

세 가지 요소

인상의 90퍼센트는
'표정'과 '목소리'로 결정된다

그렇다면 '대접'을 주축으로 했을 때 어떻게 인사해야 상대방에게 좋은 인상을 줄 수 있을까요?

결론부터 말하면 인사할 때는 표정과 목소리를 중요하게 여겨야 합니다. 그 이유는 미국의 심리학자 앨버트 머레이비언(Albert Mehrabian)이 도출한 공식을 보더라도 명확합니다. 그는 다음과 같은 공식을 내놓았죠.

이 공식은 상대방에게 전달되는 정보 중에서 언어(대화 내용)의 영향은 7퍼센트에 불과하다는 사실을 보여줍니다. 한편 얼굴(표정)의 영향은 55퍼센트이고 음성(목소리)의 영향은 38퍼센트로, 언어 외의 측면이 90퍼센트 이상의 영향력을 발휘합니다.

그렇다면 구체적으로 표정과 목소리를 어떻게 의식하면 좋을까요?

① 웃는 얼굴은 기본 중의 기본

먼저 인사를 할 때 표정은 웃는 얼굴이 기본입니다. 누군가와 만났을 때 눈꼬리는 내리고 입꼬리는 올리면서 인사하도록 유의하세요. '웃는 얼굴로 인사하세요' 같은 말은 너무나 당연하다고 생각될 수도 있습니다. 그런데 실제 행동으로 보여주는 사람은 많지 않습니다. 산업의로서 여러 회사를 방문하는데, 어떤 곳이든 대부분 직원의 얼굴이 정말로 어둡습니다.

　거울 앞에 서서 아무것도 의식하지 말고 당신의 표정을 한번 살펴보세요. 인상이 어떻습니까? 표정이 없고, 그래선지 조금 무섭게 느껴지지 않나요? 스트레스에 시달리는 상황에서는 훨씬 더 무서운 얼굴을 하고 있겠지요.

　긴장이 될 때는 무리해서 잡담을 하려고 시도하지 마세요. 무서운 표정으로 말을 걸어봤자 상대에게 부정적인 인상만 심어줄 뿐 좋은 점이 없습니다. 차라리 처음에는 웃는 얼굴로 인사하는 것 하나만 주의하고, 곧장 업무상의 본론으로 들어가거나 자연스럽게 그 자리를 떠나는 편이 좋습니다.

　② 목소리는 높은 톤이 가장 좋습니다

　다음은 목소리인데, 인사할 때는 높은 톤을 내도록 신경 쓰세요.

　당신은 자기 목소리가 높은 편인지 낮은 편인지 알고 있나요? 상대방에게 밝은 인상을 주고 싶다면, 평소보다 약간 높은 톤의 목소리를 내세요.

　낮은 목소리는 성실하고 차분하다는 인상을 줄 수 있지만 알아듣기 어려울 때도 있습니다. 특히 친분이 별로 없는 상대라면 '이 사람 혹시 저기압인가?'라고 생각할 수도 있습니다. 그러면 쉽게 친해질 수 없겠죠.

타고난 목소리가 저음이라 도저히 높은 목소리를 낼 수 없다면 어떻게 해야 할까요? 낮은 목소리라도 상관없으니 조금 빠른 속도로 인사를 해보세요. 그러면 인사에 경쾌함을 더할 수 있습니다.

인사는 반드시 내가 먼저

표정과 목소리에 신경을 쓰고 인사한다면 잡담이 시작되기 전부터 상대방은 당신에게 좋은 인상을 가질 겁니다. 다만 인사에는 또 한 가지 중요한 사항이 있습니다. 바로, 당신이 먼저 해야 한다는 것입니다. 인사에서 순서는 웃는 얼굴과 높은 목소리 이상으로 중요합니다.

대화하는 것에 울렁증이 있는 사람들을 보면, 상대방이 자기에게 말을 걸어주기를 무의식중에 기다리는 자세일 때가 많습니다. 다른 사람과 말하기가 힘들더라도 인사만큼은 적극적으로 먼저 해보세요.

혹시 당신은 누군가에게 인사를 받기 싫었던 적이 있나요? 아마 그렇지 않을 겁니다. 인사를 받으면 자신의 존재가 상대방에게 받아들여졌다고 느껴져 마음이 따뜻해집니다. 누구나 마찬가지입니다. 그러므로 당신이 상대방에게 인사를 하는 시점에서 이미 대접이 시작되는 겁니다. 먼저 인사를 하기만 해도 상대방이 좋은 인상을 갖게 되므로, 이후 잡담을 할 때도 이야기의 주도권을 쉽게 쥘 수 있습니다. 먼저 인사하는 것은 당신에게도 커다란 이점이 있는 거죠.

인사는 절대 깜빡하지 않기

스트레스 없는 잡담의 기본이 되는 인사는 일상생활에서 연습하세요.

평소에 인사를 깜빡하는 상대방이 있을 겁니다. 아파트 경비원, 회사 건물의 수위나 미화원, 부서가 달라 접점이 별로 없는 회사 지인 등입니다. 이런 사람들에게 마음속으로 연습한다고 치고 '웃는 얼굴, 높은 목소리, 내가 먼저'의 세 가지에 주의해서 인사를 해보세요.

잡담이나 대화를 잘하는 방법을 빨리 알고 싶어 마음이 급하겠지만, 인사를 제대로 하지 못하는 사람 중에 잡담 잘하는 사람은 없습니다. 이후 잡담을 원활하게 하기 위해서라도 좋은 인상 만들기에 주력합시다. 극단적으로 말해서 '맨 처음 인사만 제대로 되면 합격!'이라고 생각해도 좋습니다.

자연스러운 미소를 위한 스트레칭

'인사'에서는 웃는 얼굴이 중요하다고 설명했습니다. 당신이 웃는 얼굴로 있기만 해도 상대방은 마음이 풀어져서 기분 좋은 잡담을 시작할 수 있습니다.

기분을 좋게 해주는 웃는 얼굴은 '만드는' 것이 아니라 자연스럽게 '나오는' 것입니다. 얼굴 근육이 굳어져 있으면 웃는 얼굴이 자연스럽게 나오지 않죠. 그래서 입과 눈 주위의 근육을 스트레칭하는 것이 좋습니다. 스트레칭을 할 때는 상대방에게 어떻게 보일지를 확인하는 차원에서 거울 앞에서 하면 더 효과적입니다.

다음 그림과 같은 스트레칭을 각각 5세트씩 매일 해보세요. 아침에 세수하고 나서 등 하루를 시작할 때 연습하는 것이 좋습니다.

입가 스트레칭하기

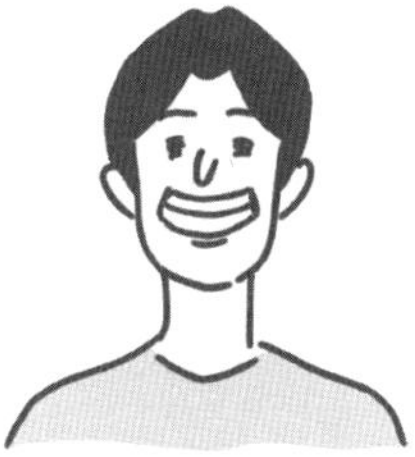

① '이~'를 5초 유지

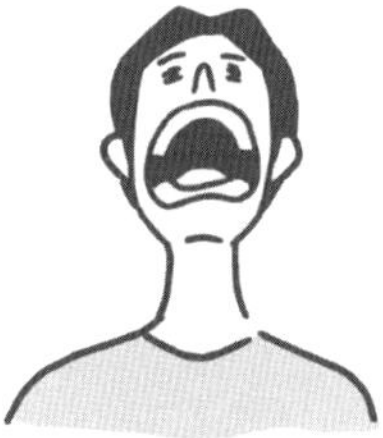

② '아~'를 5초 유지

눈가 스트레칭하기

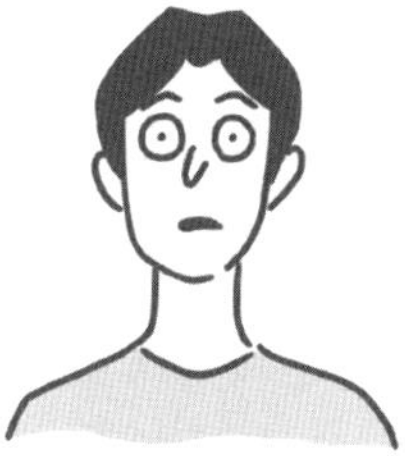

① 5초 동안 힘껏 뜨기

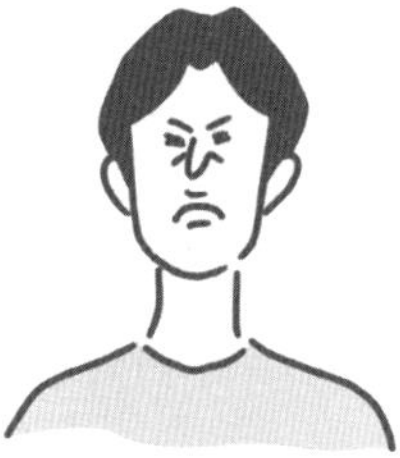

② 5초 동안 꾹 감기

긴장을 없애주는 인사 연습

인사를 하는 데 중요한 포인트 세 가지를 꼽았는데, 그중에서도 '내가 먼저 인사하는 것'이 가장 중요합니다. 잡담뿐만 아니라 커뮤니케이션 역시 대부분 인사에서부터 시작됩니다. 시작이 좋다면 잡담의 스트레스는 단번에 없어집니다. 다만 이제까지 인사에 신경을 쓰지 않았던 사람은 긴장 때문에 목소리가 잘 나오지 않거나 표정이 딱딱하게 굳어버리기도 합니다. 연습을 반복해 익숙해지는 수밖에 없습니다.

일상생활에서 '나부터' 인사하는 횟수를 늘려나가세요. 포인트는 '오늘은 내가 먼저 5명에게 인사하기'처럼 인원수를 정해놓는 것입니다. 구체적인 목표를 세워두면 실행 의지가 더 강해지고, 성공 경험도 자연스럽게 늘어납니다. 다음 포인트도 참고해서 도전해보길 바랍니다.

단계 2

잡담에 꼭 필요한
자아 개방

CHATTING
WITHOUT
STRESS.

스트레스의 원인은 '불신'

잡담의 목적을 '대접'으로 삼는다면 자신과 상대방에게 모두
좋은 영향이 있다고 설명했습니다. 하지만 당신이 대접하려
는 마음을 가지고 있다고 해도 상대방이 부정적인 감정 상태
에 있다면 잡담은 제대로 되지 않습니다. 아무리 친절한 대
접을 받더라도 상대방이 어떤 사람인지를 알지 못한다면 불
신이나 공포감을 느끼게 됩니다. 그러므로 잡담을 비롯한 커
뮤니케이션에서는 당신이 어떤 사람인지를 상대방에게 보

여줄 필요가 있습니다.

이때 사용하는 방법이 '자아 개방'입니다. '나는 이런 사람입니다'라고 드러내면 상대방의 의구심이 누그러집니다. '당신에게는 기꺼이 내 정보를 공개하겠습니다'라는 메시지를 보냈기에 당신의 신뢰가 간접적으로 전해지기도 합니다.

그러면 상대방은 '이만큼 마음을 열어 자신에 대해 알려주니 나도 똑같이 알려주고 싶다'라고 생각합니다. 이를 '상호성의 원리reciprocity principle'라고 하는데, 상대방에게 혜택을 받으면 그만큼의 혜택을 돌려주고 싶어 하는 것이 인간의 심리죠. 이런 일이 반복되면 낯설었던 관계가 서서히 친밀해집니다.

이렇게 심리적인 거리가 가까워지면 잡담에 스트레스를 느끼지 않게 되죠. 스트레스 없는 잡담을 하려면 자아 개방이 꼭 필요합니다.

대화의 허들을 낮추자

저는 업무 중에 자아 개방을 적극적으로 활용합니다. 저는 산업의로 활동하고 있어서 처음 보는 분들과 대화를 나눌 기회가 많습니다. 상당수가 건강이 좋지 않거나 야근이 많다거나 하는 문제로 고민하더군요. 이런 상황에서 산업의에게 호출을 받으면 '내가 뭔가 잘못했나? 경고를 하려는 걸까?' 하며 경계심을 갖습니다. 그러다 보니 제가 하는 질문에 대해서도 상식적인 선에서만 대답하는 경향이 있었습니다.

산업의는 직원의 건강을 지원하는 사람으로, 잘못된 점을 지적하는 것이 아니라 어떻게 개선해나갈지를 함께 고민하는 것이 일입니다. 하지만 경계심을 풀지 못한 직원들은 제가 조언을 해도 '주의를 받았다'라고 부정적으로 생각하기 쉽습니다. 그래서 저는 다음과 같이 자아 개방을 자주 하는 편입니다.

"가능하다면 휴가를 내고 집에서 코미디 프로그램이나 보고 싶네요."

'의사도 일을 쉬고 싶을 때가 있구나'라고 생각하게 함으로써 대화의 허들을 낮추는 것입니다. 그러면 환자 역시 "맞아요. 저도 좀 쉬고 싶어요"라며 본심을 꺼내고, 저도 의사로서 적절한 제안을 할 수 있습니다.

심리적 거리를 측정하는
'잣대'가 된다

잡담에서 자아 개방이 중요한 이유가 상대를 안심시키거나 대화의 허들을 낮추기 위해서만은 아닙니다. 상대방이 당신에게 원하는 거리감을 측정하는 잣대가 되기도 합니다.

만약 당신이 어느 정도 자아 개방을 했는데도 상대방이 전혀 되돌려주지 않는다면, 그에게 환영받지 못하고 있다는 뜻입니다. 이를 알아차리면 상대방의 개체공간 personal space (타인과의 물리적 거리 또는 심리적 관계에서 침범당하고 싶지 않은 공간-옮긴이)에 흙 묻은 발로 들어서는 실례되는 행위를 예방할 수 있습니다.

자아 개방을 해야 상대방을 안심시킬 수 있고 호감을 갖게 할 수 있다는 사실은 분명하지만, 개방의 양과 그 효과가 결코 비례 관계인 것은 아닙니다. 상대방은 많은 정보를 받을수록 그만큼 돌려줘야 한다는 생각에 경계를 하게 됩니다. 상대방에게 부담을 주는 자아 개방은 피해야 합니다.

효과적인 자아 개방 사용법

이처럼 자아 개방을 사용할 때는 주의가 필요한데, 적절하게 사용하면 다음과 같은 좋은 효과도 얻을 수 있습니다.

① 특별한 느낌을 줄 수 있습니다

자아 개방은 자신의 비밀을 털어놓는다는 면도 있어서 상대방에게 특별한 느낌을 갖게 합니다. 특히 친밀도를 조금이라도 높이고 싶은 상대라면 다음과 같이 자아 개방을 해봅시다.

"당신에게만 말하는 건데요, 저는….”
"여기서만 말하는 건데요, 저는….”

그러며 상대방이 '나를 신뢰하니까 이야기를 해주는구나'라고 생각하게 되므로 인정 욕구를 충족해줄 수 있습니다. 심리적인 거리가 훨씬 줄어들어 잡담도 자연스럽게 활기를 띨 것입니다.

② 이야기의 실타래로 삼습니다

자아 개방이 이야기의 실타래가 될 때도 있습니다. 만약 상대방에게서 밑도 끝도 없이 "헬스장에 등록한 적이 있나요?"라는 말을 듣는다면 갑작스러운 화제에 깜짝 놀라 경계하게 될 겁니다. 하지만 이것도 자아 개방을 함으로써 '왜 지금부터 그 이야기를 하는 것인지'를 보여줄 수 있습니다. 다음 사례를 봅시다.

A: 저는 헬스장에 관심은 있는데 좀처럼 시작하질 못하겠더라고요. (당신은) 헬스장에 등록한 적이 있나요?

B: 저는 작년 건강검진 결과를 보고 안 되겠다 싶어서 1월에 등록했어요.

A: 계속 다닐 수 있을지 불안한데, 요령 같은 게 있나요?

아는 사람과 같이 다니거나 헬스장에서 친구를 만드는 게 좋지요. 혼자서는 의지가 약해지기 쉬우니까요.

이처럼 대화의 실타래로 자아 개방을 하면 상대방의 경계심을 풀어주면서 당신의 상황(헬스장에 등록하고 싶지만 고민하고 있다)을 전달할 수 있습니다.

그러면 자신의 영역에서 이야기를 할 수 있고 상대방도 구체적으로 답변하기 때문에 이야기가 쉽게 확장될 수 있습니다.

③ 자기 이해로 연결합니다

또 자아 개방은 대인적인 효과뿐만 아니라 자기 마음에도 커다란 변화를 가져다준다는 이점이 있습니다. 바로 자신에 대해 더 깊게 알 수 있다는 점입니다. 예를 들어 원래는 확실한 의견을 갖고 있지 않았는데 누군가에게 말해주는 사이에 그것에 대한 인식이나 바라보는 방식이 선명해진 적이 없습니까? 이를 '객관적 자기 인식objective self-awareness'이라고 하는데, 자기 나름의 의견에 일관성이 나타나는 상태를 말합니다.

앞서 소개한 사례로 얘기하자면, 헬스장에 다닐지 말지 아직 결정하지 못한 상태인데 상대방에게 상담하고 의견을 물어봄으로써 '역시 난 헬스장에 다니고 싶었구나'라고 자각할 수 있습니다.

자아 개방은 상대방을 안심시키고 특별한 느낌을 주며, 때로는 이야기의 실타래가 되기도 하고, 자신에 대한 이해도 촉진해줍니다. 자아 개방에는 이렇게나 이점이 가득합니다.

자아 개방을
못 하는 사람의 특징

강한 경계심과
낮은 자기효능감

자아 개방은 좋은 효과를 가져다주지만, 자기에 관해 이야기하는 것을 워낙 힘들어하는 사람도 있습니다. 이런 사람들은 크게 '경계심이 너무 강한 경우'와 '자기효능감이 낮은 경우'로 나눌 수 있습니다. 양쪽 모두 타고난 성격이 강하게 영향을 미치는데, 각각 적절하게 대처한다면 조금씩 자아 개방을 할 수 있게 됩니다.

접촉 횟수를 늘리면
경계심이 완화된다

먼저 타인에 대해 경계심이 너무 강한 사람은 원래 개체공간이 넓은 경향이 있습니다. 이런 사람은 타인과 가까운 거리에서 접하는 것을 힘들어합니다. 특히 자기 마음속에 상대방이 흙 묻은 발로 들어오는 상황에 공포를 느낍니다. 이를 피하려고 경계심을 강화해 자아 개방을 하지 못하게 되는 것입니다.

또한 상대방에게 자신의 정보를 건네면 그가 제3자에게 전달하지 않을까 걱정하는 사람도 있습니다. 당신이 여기에 속한다면 자아 개방을 하기 전에 잡담 상대와 친밀도를 높이는 것을 목표로 해봅시다. 친밀도가 서서히 높아지면 상대방에게 자아를 개방하는 허들이 점차 낮아집니다.

친밀도를 높이는 한 가지 요령이 있습니다. 예를 들어 상대방을 '1시간 동안 한 차례' 만난 경우와 '10분씩 여섯 차례' 만난 경우가 있다면 친밀도는 압도적으로 후자 쪽이 높아집니다. 이를 '단순 접촉 효과 Effect of Simple Contrast'라고 하는데, 대인관계에서는 시간이 긴 것보다 횟수가 많은 것이 더 좋은 영향을 줍니다. 이렇게 접촉 횟수를 늘리면 상대방에 대한 당신의 경계심도 서서히 누그러집니다. 일단 자아를 개방할 수 있는 심리 상태를 만드는 데 집중하세요.

자각으로 자기효능감을
높일 수 있다

자기효능감이 낮은 사람도 자아 개방을 힘들어합니다. '나에 관해 이야기하면 상대방이 싫어하지 않을까?', '이상한 녀석이라고 생각하지 않을까?'처럼 불안해지기 때문입니다. 이런 사람의 경우 자아 개방을 하더라도 아무 문제가 없음을 실감할 필요가 있습니다.

　사실 대부분 사람은 이미 자아 개방을 하고 있습니다. 이름을 대거나 간단한 자기소개를 하는 등의 자연스러운 행위도 자아 개방입니다. 즉 자기효능감이 낮은 사람도 자아 개방을 할 수 있는 것입니다. 일단 이 사실을 자각해봅시다. '내가 자아 개방을 못 하는 것이 아니다'라고 자각한 다음에는 조금 더 깊은 이야기(자신의 일상생활이나 매일매일의 생각)를 개방해나갑시다.

이때 요령은 두 가지입니다. '친밀도가 높은 사람부터 연습을 시작할 것'과 '대립하기 어려운 화제를 고를 것'입니다. 친밀도가 높은 사람이면 웬만해서는 '잡담에서 실수했다'라고 생각할 일은 없을 겁니다. 또 정치 등 대립하기 쉬운 화제를 피하고 취미나 업무를 주제로 삼으면 서로 엇갈리는 의견이 나오더라도 그 또한 이야깃거리로 즐길 수 있습니다.

자아 개방에 대한 두려움을 해소하려면 어쨌든 '자기 이야기를 해도 문제가 없다'라고 실감하는 것이 가장 중요합니다. 일단 짧은 시간부터 도전하거나 사이가 좋은 사람부터 시작해보는 등 경험을 쌓아갑시다. 성공 경험을 쌓아나가는 것이 울렁증을 극복하는 방법입니다.

자신과 마주하는 시간 갖기

여기까지 자아 개방의 중요성과 울렁증의 해소법 등을 잘 이해하셨습니까? 하지만 가장 중요한 '자기 이야기'가 떠오르지 않는다면 자아 개방을 하기란 불가능하겠지요.

일설에 따르면 현대인은 하루에 무려 6만 번이이나 생각한다고 합니다. 당신은 오늘 하루 동안 6만 번이나 생각했던 내용을 기억하고 있습니까? 아마 생각한 모든 것을 기억하고 있는 사람은 없을 겁니다.

우리는 매일매일 바삐 살아가다 보니 스스로 무엇을 생각하고 있는지조차 인식하지 못합니다. 이런 상태에서는 자아 개방을 통해 자기 이야기를 시작하려고 해도 내용이 좀처럼 떠오르지 않을 겁니다. 예를 들어 "취미가 뭔가요?"와 같은 상투적인 질문에도 뭐라고 대답해야 좋을지 몰라 당황하는 사람도 많습니다.

따라서 의도적으로 자신과 마주하는 시간을 마련할 필요가 있습니다. 조금 멀리 돌아가는 것처럼 느껴질 수도 있지만, 자신을 이해함으로써 마음의 여유가 생겨납니다. 자기 이해는 스트레스를 느끼지 않는 커뮤니케이션의 토대가 됩니다.

자기 이해에 효과적인
다섯 가지 주제

여기서부터는 당신이 자신을 이해할 수 있도록 몇 가지 주제를 되돌아보겠습니다. 주제는 다음 다섯 가지입니다.

① 취미

② 일부

③ 관심사

④ 에피소드·경험

⑤ 일상사건(happens, 이 코넹 말하기 됩의 급한 소스는 무엇이라

등 개인의 일상생활에서 일어나는 작가·출간이다)

이 다섯 가지는 자기 이해에 효과적인 한편 잡담의 화제
가 되기도 쉬운 주제입니다. 연습하는 차원에서 공책에 적어
보면 더 효과적입니다. 적어두면 언제든지 되돌아볼 수 있으
니까요.

이때의 포인트는 '사실·감정·가치관'이라는 세 가지 관점
에서 되돌아보아야 한다는 점입니다. 이 관점을 취할 때 더
욱 폭넓은 자아 개방이 가능해집니다.

그렇다면 되돌아볼 때의 요령을 한 가지씩 확인해봅시다.

① 취미

요즘에는 "취미가 뭔가요?"라는 질문에 제대로 대답하지

못하는 사람이 적지 않죠. 뭔가 배우는 것도 따로 없고, 쉬는 날에는 TV나 동영상만 보면서 지내다 보니 취미라고 부를 만한 것이 없으니까요.

이런 사람은 일단 바로 직전의 휴일을 어떻게 보냈는지 1시간 단위로 되돌아봅시다. 그 결과가 '드라마를 보는 시간이 많다'라면, 그것이 당신의 취미라고 할 수 있겠죠. 이처럼 자신의 시간을 되돌아보면, 무엇을 하는 데 부지불식간에 시간을 사용하고 있는지를 찾아낼 수 있습니다. 이것이 당신의 취미에 대한 '사실'이 됩니다.

다음으로 그 취미에 대한 '감정'을 생각해봅시다. 취미에 대한 감정이라고 하면 긍정적인 기분을 떠올리기가 쉬운데, 꼭 그렇지만은 않습니다. '온종일 드라마만 보면서 퍼져 있다 보면 저녁에 좀 후회가 된다', '드라마 속 상황과 내 현실을 비교하다 보면 침울해질 때가 있다' 등의 부정적인 감정도 있을 겁니다. 이런 것도 포함해 적나라하게 적어봅시다. 이렇게 해야 더더욱 당신다운 자아 개방으로 이어집니다.

마지막으로 '가치관'에 대해서 생각해봅시다. 취미에 대한 개인적인 견해나 의견을 적어보세요. 당신의 가치관과 의식이니 상식적인 의견에 부합하는지는 신경 쓰지 말고 솔직하게 적어봅시다. '드라마를 보는 것이 취미라고 하면 집돌이로 보일 수 있다', '역사적 근거를 바탕으로 한 다큐멘터리를 보면 배울 게 많아서 좋다'와 같이 자유롭게 적어나갑니다.

이처럼 '사실·감정·가치관'이라는 관점에서 취미를 되돌아보면 잡담하는 중에 유사한 화제가 나왔을 때 적절한 자아 개방을 할 수 있습니다. 이제까지는 질문을 받아도 제대로 답변하지 못했겠지만, 자신을 이해하게 되면 그런 고민이 말끔히 사라집니다.

② 업무

취미에 관해 적었다면 동료와 현재 업무에 관해서도 되돌아봅시다. 업무에 대한 '사실'은 현재 회사의 정보, 자신에게 맡겨진 업무의 내용 등 아마 술술 나오는 주제일 겁니다. 어쩌면 업무에 대한 '정보'와 '가치관'에 대해 곰곰이 생각해본 적이 없는 사람도 있을 겁니다. 적는 요령은 세세한 정보나 업무별로 마주하는 것입니다. '회사는 작지만 이 정도 규모가 지내기 딱 좋다', '사무 작업은 좋지만, 전화 응대만큼은 질색이다' 등 긍정적인 기분과 부정적인 기분 모두 마주해 봅시다. 그리고 가능하다면 '왜 그런 생각이 들까?'처럼 깊게 파고들어 보세요.

자아 개방을 위해서는 물론 매일 절반 이상의 시간을 소비하는 업무를 이해하는 것이니만큼 자신의 마음과 마주하는 시간을 중요하게 여겼으면 합니다. 특히 이 주제는 직장 동료와 잡담을 할 때 효과적입니다. 시간을 충분히 들여서 생각해보세요.

③ 관심사

관심사란 자기가 '잘 아는 것'이 아니라 '신경이 가는 것'이기 때문에 잡담할 때 화제의 폭을 확장하기 쉬운 주제입니다. 하지만 이 항목에서 펜이 멈추는 사람이 많을 것 같습니다. 특히 최근에는 '내가 뭘 하고 싶은지 모르겠다', '어디에 관심이 있는지 모르겠다'와 같은 사람이 상당히 늘어났습니다. 그 이유로는 두 가지가 있다고 알려져 있습니다.

첫째는 인터넷이 발달함에 따라 상식적으로 올바르다고 생각되는 방침이나 방향을 쉽게 알 수 있게 되었다는 점입니다. 예를 들어 당신이 출근길에 인상적인 카페를 발견했다고 합시다. 그곳에 가고 싶다고 생각하던 차에 최근 인기 있는 브랜드 카페가 바로 근처에 있다는 또 다른 정보를 얻게 됩니다. 그 정보에 좌우되어 '가보고 싶다는 당신의 감정'보다 '세간의 생각'을 우선하게 되는 것입니다. 따라서 당신의 마음에서 자연스럽게 생겨나는 '하고 싶다는 기분'은 머릿속에서 한 차례 올바른 선택인지 검증받게 됩니다. 다른 것과 비교하게 되면서 자신의 솔직한 감정에 동반하는 경험이 줄어든 것이, 자신의 관심사를 알 수 없게 되는 고민으로 이어집니다.

그리고 둘째는 약간 민감한 이야기가 될 수도 있는데, 유소년기에 부모에게서 받은 영향입니다. 요즘 부모는 육아에 대해 상식적으로 올바르다고 생각되는 정보를 얻기가 쉬워졌습니다. 그러다 보니 자녀가 유치원에 다닐 때는 이걸 가르치고, 초등학교 저학년부터는 이 학원을 보내야겠다는 식의 사고에 갇히기 쉽습니다. 어렸을 때 '이걸 하고 싶다', '저걸 하고 싶다'라고 주장한 적이 있었을 겁니다. 그런데 부모가 올바르다고 생각해 마련해준 레일에 강제로 탑승해야 했을 겁니다. 이런 경험을 몇 번이나 하게 됨으로써 자기가 뭔가를 '하고 싶을' 때의 기분을 어떻게 다뤄야 할지 알 수 없게 된 것입니다.

둘 중 어떤 경우든, 이런 상태로는 연습할 때 관심사를 적기가 어려울 겁니다. 그래서 이 주제에 대해서는 자신의 관심사를 모르겠다는 사람을 위해 무엇을 하면 좋을지 정신건강의학과 의사 입장에서 구체적으로 설명하겠습니다.

먼저 적극적으로 혼자만의 시간을 보내겠다고 마음먹으세요. 지금 하고 싶은 것이나 관심이 가는 것을 발견하려면 당신이 가진 '지금의 자연스러운 감정'으로 시선을 향할 필요가 있습니다. 그러기 위해서는 혼자만의 시간이 필요합니다. 비록 사이가 좋아 서로 거리낄 것 없는 사람이라고 해도 누군가와 함께 있는 이상 그에게 맞춰줘야 한다는 생각을 완전히 떨치긴 어렵습니다. 그러면 내면에서 만들어지는 자연스러운 기분을 솔직하게 받아들일 수 없습니다.

또 혼자만의 시간을 만들 때는 중간에 약속 등 다른 일정은 넣지 말고, SNS 등 다른 사람과 연결되는 것도 접하지 않게 하는 것이 좋습니다. 오롯이 혼자서 흘러가는 시간에 몸과 마음을 맡겨보세요. 머릿속에서 만들어지는 생각보다 마음으로 느끼는 감정을 우선해서 시간을 보내는 것입니다.

사실은 1개월 정도 이렇게 생활하는 것이 이상적이지만, 현실적으로는 상당히 어렵습니다. 일단 당신이 정한 주말 이틀 동안을 이렇게 시간을 쓰면서 지내보세요. 아침에 일어나서부터 무엇을 하고 싶은지, 무엇을 먹고 싶은지 등을 자기 마음에 물어보세요. 그 대답은 당신이 알고 있을 것이고, 그 대답이야말로 당신이 관심을 갖고 있는 것입니다.

이런 식으로 관심사를 발견했다면 취미나 업무와 마찬가지로 '사실·감정·가치관'의 순서대로 세 가지 관점에서 적어봅시다.

④ 에피소드·경험

이 주제에서는 당신이 경험한 매일 중에서 긍정적인 에피소드를 수집하는 작업이 필요합니다. 물론 부정적인 내용이라도 상관없지만, 상대방과 친분이 깊지 않다면 상대방을 난처하게 만들 가능성이 있으니 주의해야 합니다.

예를 들어 상대가 "지난주에 병원에서 검사를 받았는데

암 진단을 받았어"라고 자아 개방을 한다면 어떻게 대꾸해야 할지 난감할 것입니다. 이런 극단적인 사례는 아니더라도 부정적인 에피소드는 삼가는 편이 좋습니다.

긍정적인 에피소드를 수집하려면 매일 있었던 일을 일기로 써보는 것이 좋습니다. 여기서 긍정적이라는 말은 '기뻤다', '놀랐다', '짜릿했다', '만족했다'와 같은 감정을 나타냅니다.

일기를 쓰라고 하니 엄청나게 번거로운 일처럼 생각할 수도 있는데, 항목만 나열하는 식으로 간단하게 적어도 괜찮습니다. '벚꽃 봉우리가 벌써 터질 것 같다'와 같은 계절의 변화나 '운전 중에 맞은편에서 오는 차가 길을 양보해주었다'처럼 평소에 당연하게 느꼈던 친절 등입니다. '아이가 공원에서 네 잎 클로버를 발견하고 무척 좋아했다'와 같은 일상 속 한 컷도 좋습니다.

이렇게 풋 하고 웃음이 나오거나 마음 훈훈해지는 에피소드를 평소에 의식해두면 "그러고 보니 말이에요" 하고 화제를 꺼낼 수 있습니다. 긍정적인 에피소드는 상대방에게도 전해져 마음이 푸근해지게 하니 잡담에 적극적으로 넣어보세요.

이 주제는 다른 주제 이상으로 당신의 사적인 내용이 포함되는 자아 개방입니다. 따라서 처음 보는 사람보다는 평소에 조금이라도 관계가 있는 사람에게 사용하는 것을 추천합니다.

셰익스피어의 명언처럼 인생은 선택의 연속이며, 이제까지 많은 선택을 해온 결과 지금의 당신이 있습니다. 인생에서 커다란 선택을 했을 때는 그것이 전환점이 되어 일종의 사건처럼 기억에 남아 있는 경우가 많습니다. 그때의 감정 등도 쉽게 떠올릴 수 있을 겁니다. 그런 전환점이 바로 생활사건인데, 일반적으로는 다음과 같은 것이 있습니다.

- 결혼
- 이사
- 취직·이직
- 출산
- 내 집 마련
- 자동차 구입

이런 '사실'들은 어느 평범한 하루에 있었던 일과 비교하더라도 당신에게 강렬한 인상으로 남아 있을 것입니다. 갖가지 감정이 소용돌이치거나 삶이 확 달라진 사람도 많겠지요. 어쩌면 지금 되돌아보니 후회되는 선택을 했을 수도 있습니다. 그렇더라도 솔직한 그 기분을 '감정' 칸에 연습 삼아 적어보세요.

과거를 회상하다 보면 기억에서 지워졌던 괴로운 실패도 떠오릅니다. 분명 실패 자체는 유감스러운 일입니다. 하지만 그 실패는 당신이 용기를 내어 도전한 결과이기도 합니다. 실천으로 옮길 수 있었던 자기 자신을 칭찬해주면서 솔직한 감정을 소중히 여기세요.

이어서 생활사건에 대한 당신의 '가치관'을 적어봅시다. 가치관이란 시간이 지남에 따라 달라지는 법이라, 생활사건에 대해 당시에는 그렇게 생각했어도 이제는 그렇지 않다고 느끼는 경우도 있습니다.

물론 가치관이 바뀌었다고 해서 문제 될 것은 없습니다. '처음 상경했을 때는 이사할 때마다 가슴이 두근거렸지만 이제는 그때 느꼈던 떨림은 없구나'와 같은 심경의 변화에 공감해주는 사람도 있을 겁니다. 가치관의 변화 자체가 잡담의 화제가 되는 경우도 있습니다.

이상이 잡담의 화제가 되기도 하는 자기 이해의 주제입니다. 연습하다 보면 알겠지만, 대부분 사람은 의외로 자기 자신에 대해 잘 모릅니다.

　앞서 설명했듯이 사람은 하루에 6만 번이나 생각을 하며, 일상생활에서 중요하다고 여겨지는 것에 뇌를 사용하기 위해 기억을 정리합니다. '오늘 해야 하는 업무', '교육받은 것', '다음 주까지 준비해야 할 것들' 식으로 생활에 필수라고 생각되는 것이 우선적으로 기억에 남겨집니다. 하지만 당신다움을 만들어내는 것은 기억에 잘 남지 않는 작은 감정입니다. 어떤 것에 마음이 끌리고 들뜨는지, 그런 당신다운 감정이 자아 개방에 필요합니다.

　사람과의 커뮤니케이션에 스트레스를 느낄수록 더더욱

자신을 소중히 여겨야 합니다. 자신을 되돌아보는 시간을 만드는 것만으로도 스트레스 없는 잡담에 가까워질 것입니다. 그리고 그런 자기 이해는 다음 장부터 다룰 '화제', '듣기', '말하기'의 모든 부문에서 도움이 됩니다. 한 단계씩 차근차근 밟아가 봅시다.

Column 03

'자기 이해 연습장' 만들기

이번 장에서 소개한 '자기 이해 연습'은 공책 등 종이에 정리하면 더 효과적입니다. 지금까지 살펴본 다섯 가지 주제는 잡담의 화제 자체가 되는 경우도 많으니 쉽게 확인할 수 있도록 기록해두는 것이 좋습니다. 특히 지금부터 소개하는 '자기 이해 연습장'은 리스트로 잘 정리되어 있어 나중에도 찾아보기 편합니다. 시간을 내어 꼭 연습해보세요.

'자기 이해 연습장' 만드는 법

① 4×6의 표를 만든다.

② 각 줄의 첫째 칸에 '취미', '업무', '관심사', '에피소드·경험', '생활사건'을 적는다.

③ 첫째 줄의 각 칸에 '사실', '감정', '가치관'을 적는다.

각각의 칸에 자신을 되돌아보면서 나오는 말을 적어나갑시다.

자기 이해 연습장

구분	사실	감정	가치관
취미			
업무			
관심사			
에피소드/경험			
생활사건			

에피소드는 '사진'으로 남기기

'자기 이해 연습장'을 적으려면 긍정적인 에피소드를 수집해야 합니다. 이 책에서는 매일 일기를 쓰는 것을 추천했는데, 습관으로 자리 잡기 전까지는 귀찮다고 생각하는 사람도 있을 겁니다. 그럴 때는 일기 대신 '사진'을 찍어 남기세요. 그리고 주말에 한 번이라도 좋으니 스마트폰의 사진 폴더를 다시 살펴보길 바랍니다.

그중에는 분명 당신의 마음을 움직이게 한 사진이 들어있을 겁니다. 카페에서 우연히 만난 신상품, 예쁜 크리스마스트리, 반려동물이 짓는 천진난만한 표정 등입니다. 이 사진들은 모두 당신의 긍정적인 경험입니다.

실제로 잡담 중에 당신의 에피소드·경험을 화제로 삼았을 때, 사진을 남겨두었다면 그 사진을 보여주면서 이야기를 할 수도 있습니다. 사진 촬영은 무리하지 않고도 잡담의 화제를 늘려주는 좋은 방법입니다.

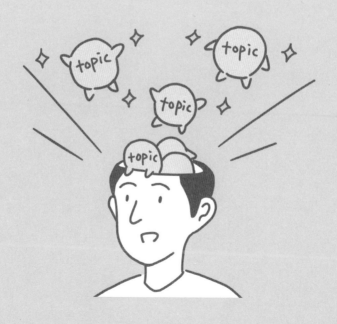

단계3

대화가 끊길 염려가 없는
만능 화제

CHATTING
WITHOUT
STRESS.

화제는 모아두는 것이 아니다

잡담이 힘들다고 말하는 사람들의 고민 중에 가장 많은 것은 '화제가 나오지 않는다'가 아닐까요? 상대방과의 공통 화제가 없어 어색한 침묵이 흘렀던 경험이 누구나 한 번쯤은 있으리라 생각합니다.

무엇을 말해야 할지 몰라 고민하는 당신 입장에서 봤을 때, 대화가 능숙하고 오래 이어지는 사람은 화제를 몇 개씩 가지고 다닌다고 생각될 것입니다. 그래서 혹시 잡담할 때

쓸 화제를 모아두려고 한 적도 있지 않은가요? '분위기 띄우는 화제 50선' 같은 것을 책이나 인터넷에서 찾아보고 저장해서 다닌다는 사람도 많이 봤습니다.

결과는 어땠습니까? 많이 저장했을 텐데도 막상 실전에서는 머릿속이 새하얘져 하나도 떠오르지 않았을 겁니다. 또는 일단 잡담을 시작하기는 했는데 오래 이어지지 않아 더 어색한 분위기가 되지는 않았습니까? 여기에는 명확한 이유가 있습니다.

날씨 화제는
왜 이어지지 않을까?

날씨는 잡담의 단골 소재지요. 하지만 당신이 화제로 언급했을 때는 아마도 다음과 같이 되었을 겁니다.

A: 요즘 날씨가 참 좋지요?

B: 그렇네요.

A: 그런데 내일부터는 비가 온다는 것 같아요.

B: 그렇군요.

A: ⋯.

어찌어찌 화제를 꺼냈지만, 대화가 두어 번 오가다가 끝나고 맙니다. 이런 패턴은 흔합니다. 확실히 날씨는 잡담의 화제가 되기 쉽지만, 사용하려면 주의가 필요합니다.

우선 어째서 날씨를 화제로 삼으면 잡담이 잘 되지 않았는지 분석해봅시다. 주로 두 가지 이유를 꼽을 수 있습니다.

① 방향성이 정해져 있지 않아서

첫째 이유는 잡담의 방향성이 정해져 있지 않기 때문입니다. 여기서 말하는 방향성이란 목적을 뜻합니다.

앞에서 설명한 단계 1에서 잡담의 목적을 '대접'으로 정했는데, 날씨라는 화제로 상대방을 대접할 수 있을까요? 이런 '정보'는 주된 화제로 다루기가 어렵습니다. 즉, 대접하는 잡담으로 만들기 위해 화제를 변화시킬 필요가 있다는 얘기입니다. 이때 날씨라는 화제에서 어떻게 '대접'이라는 목표까지 나아갈지 대략적인 설계도를 그리지 못하는 사람이 많습니다.

길을 모르면 앞으로 나아갈수록 정글 속으로 들어가게 되는 법입니다. 앞으로 나아가고는 있지만 어느 방향으로 가야 할지 알지 못해 미아가 되기 쉽죠. 그러다 보니 머릿속이 새하얘지거나 잠깐의 침묵에도 초조해지는 등 대접과는 동떨어진 여유 없는 정신 상태가 되는 것입니다.

② 상대방이 관심을 가질 수 없어서

둘째 이유로는 상대방이 관심을 갖게 할 수 없다는 점을 꼽을 수 있습니다. 분명 날씨는 누구에게나 친숙한 주제지만, 관심을 가지는 것은 아주 잠깐입니다. 그렇다면 상대방이 관심을 보이면서 "아!" 하고 감탄사를 연발할 만한 잡학이 필요한 것일까요? 실은 이 역시 흔히 하는 착각입니다.

백문이 불여일견입니다. 다음 대화를 보면 어떤 느낌이 드나요?

A: 요즘 날씨가 참 더워졌어요.

B: 온열질환도 늘어나고 있는 것 같아요.

온열질환이라고 하니 생각나네요. 기네스 기록에도 올라가 있는데 인간이 죽지 않고 살아 있었던 가장 높은 체온이 46.5℃래요. 인간의 몸에 있는 단백질은 42℃를 넘어가면 변형되니 46.5℃면 생존이 어렵지요. 우리 몸에 단백질이 왜 필요하냐면….

B ….

어떻습니까? 이런 대화는 전혀 재미있지 않죠? '정보'를 지나치게 집어넣은 대화는 마치 TV로 뉴스를 보고 있는 것 같아, 상대방 입장에서는 일방적인 대화로 느껴지고 맙니다. 결국 상대방이 관심을 갖게 하지 못하니 잡담의 화제로서는 전혀 적합하지 않습니다.

그러데이션 주기

그렇다면 각각의 해결 방안을 생각해봅시다. 먼저 화제의 방향성에 관해서입니다. 목적을 '대접'으로 정하는 것에는 변함이 없지만, 이와 더불어 한 가지 요령을 익혀두었으면 합니다.

스트레스 없이 즐길 수 있는 잡담이란 한 가지 화제만 고집하는 것이 아니라 여러 가지 화제로 옮겨가는 것입니다. 이처럼 주제를 조금씩 바꾸는 것을 저는 '화제에 그러데이션 주기'라고 부릅니다. 예를 들어 "요즘 날씨가 좋네요"에서 잡담이 시작됐다면, "지난 휴일에는 어딘가 다녀오셨나요?"처럼 상대방의 행동으로 화제를 옮겨가는 방식입니다.

잡담에 자신이 없는 사람이라면 최초 출발점에서부터 어떻게 그러데이션을 주면 될지 어느 정도 패턴화해보길 바랍니다. 예를 들면 다음과 같은 흐름입니다.

- 날씨 화제 → 휴일의 날씨 이야기 → "지난 휴일에 어딘가 다녀오셨나요?"
- TV 화제 → "어떤 프로그램을 즐겨 보나요?"

화제는 모아둬 봤자 쓸 수 있는 장면이 제한적이지만, 패턴이나 규칙은 다양한 상황에서 응용할 수 있습니다. 이렇게 준비해두면 마음에 여유를 갖고 잡담에 참여할 수 있습니다.

다음은 상대방이 관심을 갖게 하는 데 필요한 요소에 관해서입니다. 바로 정보의 대척점에 있는 '감정'입니다. 그것도 다름 아니라 잡담 상대인 '당신의 감정'입니다.

예를 들어 상대방에게서 "주말에는 비가 올 것 같아서 마음이 놓여요"라는 말을 들었다면, '왜 그럴까?' 하고 궁금해질 겁니다. 사람이 남에게 관심을 가질 때는 상대방을 이해했을 때입니다. 생판 모르는 상대방에 대해 관심을 가질 수는 없습니다. 그리고 상대방을 이해했다고 느끼는 것은 그 사람의 외면적인 정보가 아닌 내면적인 감정을 알게 되었을 때입니다. 즉 당신과의 잡담에 관심을 갖게 하려면 당신의 내면을 개방해서 이해하게 할 필요가 있습니다. 즐거웠다, 화가 났다, '왜 그럴까?' 하고 궁금증이 들었다 등 당신의 감정이 포함된 화제야말로 상대방에게 관심을 갖게 할 재료입니다.

지금까지 '날씨'를 예로 들었는데, 날씨에 관한 화제 자체가 좋지 않다는 것은 아닙니다. 어떤 화제에서 시작하든지 다음 두 가지 규칙을 의식하세요.

- 그러데이션 주기
- 감정을 섞어 넣기

그러면 당신과 상대방 모두에게 기분 좋은 잡담을 할 수 있습니다.

상대방의 소속을 활용하자

스트레스 없는 잡담의 화제에 대한 규칙을 소개했는데, 구체적으로 어떤 화제가 좋은지 알고 싶겠지요? 상대방을 '대접'한다는 목적에서 생각해보면, 상대방에게 친숙한 화제가 적합하다는 사실을 알 수 있습니다.

이렇게 말하면, 처음 보는 사람이나 그다지 접점이 없는 사람인데 '친숙한 화제' 같은 것을 어떻게 아느냐고 생각할 것 같군요. 실은 단 한 가지 포인트만 잘 이해한다면 처음 보는 사람과 잡담할 때 화제를 꺼내는 데 어려움을 겪는 일은 거의 사라집니다. 바로, '상대방이 소유하거나 소속되어 있는 것을 화제로 삼는' 것입니다.

아직 상대방에 대해 잘 모르는 관계라면 '상대방에게 친숙한 화제'를 찾는 데 시간이 걸립니다. 하지만 '상대방이 소유하거나 소속되어 있는 것'은 이미 알고 있는 정보죠. 특히 추천하는 것이 '이름', '회사·학교', '지금 있는 장소' 이 세 가지입니다. 이것들을 화제의 중심축에 두고 잡담을 시작해봅시다.

① 이름

먼저 이름을 화제로 하는 것인데, 어렵게 생각할 필요는 없습니다. 당신의 솔직한 기분이나 느낀 바를 상대방에게 전하기만 하면 됩니다.

앞서 설명했듯이 상대방이 관심을 갖는 것은 당신이 어떤 기분이나 생각을 갖고 있는지와 같은 감정이었습니다. 예를 들어 당신이 상대방의 성씨에 대해 '특이한 성이구나'라고 생각했다면 다음과 같이 물어보면 됩니다.

"성이 특이하다는 말을 자주 듣지 않으셨나요?"

"두 글자 성씨는 인구가 적지 않은가요?"

이런 질문을 하면 실례가 되지 않을까 걱정이 될 수도 있습니다. 이때는 반대 입장에서 생각해보면 됩니다. 당신이 처음 보는 사람에게 "두 글자 성씨는 인구가 적지 않은가요?" 같은 질문을 받는다면 불쾌하다고 느낄까요? 아마도 그렇지 않겠지요. 상대 역시 성씨와 관련해 그런 질문을 가끔 받았을 테고, 자기 성에 관심을 보여주니 기분이 나쁘다는 생각은 들지 않을 겁니다. 당신이 의문스럽게 생각한 것을 솔직하게 말로 표현하는 것이 잡담을 성립시키기 위한 기본 자세입니다.

② 회사·학교

소속되어 있는 회사·학교도 상대방이 친숙하게 느껴 이야기가 확장되기 쉬운 화제입니다. 만약 상대방의 회사를 미리 알고 있다면 만나기 전에 홈페이지 등에서 위치, 사장님의 이름이나 설립연도, 기업 이념 등을 검색해보고 준비해두는 것도 상대방을 대접하는 좋은 자세입니다. 단 5분 정도의 검색만으로 잡담에 대한 긴장감이나 스트레스가 줄어든다면 무척 효율적이기도 하죠.

이렇게 준비해두면 그 사람을 만났을 때 다음과 같이 얘기를 건넬 수 있습니다.

"홈페이지에서 봤는데 본사가 지방에 있더군요. 그러면 화상회의를 하시나요?"

"회사가 A 역에서 꽤 가까운 것 같던데, 그 근처라면 점심 먹을 때 전혀 고민할 일이 없겠네요."

또 업무상 이야기라고 한다면 명함에는 잡담에 쓸 만한 화제가 가득 담겨 있습니다. 앞으로 명함을 교환할 때는 명함에서 한 가지 화제는 꼭 꺼낼 수 있도록 의식해봅시다. 앞서 소개한 사례처럼 당신이 의외라고 생각한 것을 상대방에게 솔직하게 물어봐도 좋습니다. 부서를 보고 "주로 어떤 업무를 담당하고 계신가요?"라고 물어보는 것도 좋고, "계속 이쪽 일을 해오셨나요?"라고 폭을 넓힌 질문을 하는 것도 좋습니다.

참고로 요즘에는 업무와 직결되지 않아 보이는 자격을 명함에 새겨 넣는 사람도 있습니다. 제가 경험한 사례로는 IT 기업에 다니는 사람인데 명함에 '와인 소믈리에'라는 자격이 기재되어 있었습니다. 이는 상대방이 '이것에 대해 물어봐주세요'라고 힌트를 준 셈이니, 보고도 그냥 지나치면 오히려 실례입니다. 그때 저는 명함에 그렇게 기재하는 것도 허용해주는 기업의 이해심과 사풍 등으로도 확장해가며 성공적으로 잡담을 나눴습니다.

명함 디자인이나 회사 로고도 좋고, 종이 재질이든 뭐든 상관없습니다. 뒷면에 영어로도 쓰여 있다면 '해외 업체와 거래하는구나'와 같은 생각도 가능합니다. 건네받은 명함에서 한 가지 화제 찾아내기에 매일매일 도전해보세요.

③ 지금 있는 장소

지금 함께 있는 장소는 상대방과 자신 모두 공통으로 소속되어 있는 공간입니다.

"여기까지 어떻게 오셨어요?"

"오다 보니 빵 냄새가 아주 끝내주던데, 돌아가는 길에 들러서 사 가야겠어요."

"이 동네는 처음 와보는데 상당히 번화하네요. 사람들 표정도 생기가 넘치는 것 같아요."

이런 식으로 화제를 꺼낼 수 있습니다. 또 지금 장소에 오기까지 당신이 겪은 에피소드를 전할 수도 있습니다.

"저는 전철을 타고 왔는데요. 옆에 서 있던 사람 이어폰에서 새어 나오는 음악 소리가 너무 커서 놀랐어요. 다른 사람들도 힐끔힐끔 보길래 주의를 줄까 생각했는데, 체격이 아주 다부지더라고요. 말 잘못 붙였다가 한 대 맞진 않을까 겁이 나서 그냥 말았네요."

당신의 기분이나 감정이 어떻게 움직였는지를 포인트로 삼아 전하는 데 신경을 쓰면 됩니다. '전철 안에서 음악 소리가 새어 나오는 승객이 있었다'라는 정보가 아니라, 주의를 주고 싶었지만 겁이 났다는 당신의 감정을 덧붙이는 것이 상대방에게 관심을 갖게 할 수 있는 잡담입니다.

이처럼 '상대방이 소유하고 소속되어 있는 것'에 주목해서 보면 화제가 없어 곤란해질 가능성이 단번에 낮아집니다. 상대방의 관심을 끌기 쉬우면서도 대접의 목적을 달성할 수 있는 화제 세 가지, 꼭 기억하세요.

소유물이 아니라
상대방의 안목을 칭찬하기

상대방이 입고 있는 옷이나 시계 등도 소유에 해당하니 이런 것들을 화제로 삼아도 상관없습니다. 그런데 이처럼 '상대방이 고른 것'을 화제로 삼아 잡담할 때는 조금 주의가 필요합니다. 소유물을 칭찬하는 정도라면 쉽게 할 수 있을 것 같다고 생각하는 사람이 많은데요, 의외로 어렵습니다.

상대방이 너무나 멋진 손목시계를 차고 있는 것을 보고

칭찬의 말을 건네본 적이 있나요? 아마도 다음과 같은 상황이 아니었을까 싶은데요.

A: 와, 손목시계 근사하네요.
B: 감사합니다.
A: ….

이처럼 '칭찬하기'로 잡담을 시작해보면, 대화가 매끄럽게 이어지지 않고 금방 끝나버리기 쉽습니다. 왜냐하면 우리 문화에서는 '겸손'이 중시되기 때문입니다. 근사하다는 칭찬을 받아도 상대방으로서는 그 매력을 자기 입으로 주절주절 말하기가 부끄러운 것입니다.

또 '근사하다'라는 표현이 추상적이다 보니 상대방으로서는 근사하다는 것이 디자인인지, 색상인지, 아니면 입은 옷과 잘 어울려서 그런 것인지 알 수가 없습니다. 어떤 점에 대해 이야기를 확장하면 좋을지 고민스러워 대화를 이어가기가 어려워집니다.

그러니 상대방을 칭찬할 때의 포인트로 다음 세 가지를

기억해두세요.

상대방이 소유한 것의 매력을 자연스럽게 말할 수 있도록 당신이 공을 넘겨주는 것이야말로 최고의 대접입니다.

먼저, 소유물을 칭찬하기보다는 그것을 고른 상대방이 멋지다는 말로 마무리하세요. 이렇게 할 수 있다면 대접으로서는 만점짜리 잡담이 됩니다.

그런 다음 자아 개방이나 자신의 솔직한 기분을 집어넣습니다. 예를 들어 이야기의 실타래로는 "제가 손목시계를 잘 몰라서요"처럼 이제부터 칭찬할 상대방의 소유물에 대해 지식이 별로 없다는 점을 솔직하게 공개합시다.

이처럼 자신의 무지를 고백해두면 약간 실례되는 말을 하는 것도 허용됩니다. 또 '나는 잘 모르니 가르쳐줬으면 한다'라는, 가르침을 청하는 자세를 보이면 상대방도 겸손함은 접어두고 마음 편히 매력을 말할 수 있습니다.

그리고 칭찬할 때는 구체적인 표현을 사용합시다. 앞서 나온 '근사함' 같은 모호한 표현이 아니라 자신이 어떤 점을 긍정적으로 느꼈는지 구체적으로 전하면 됩니다.

A: 전 시계에 문외한인데요. 차고 계신 그 손목시계는 디자인이 정말 심플하면서도 멋지네요. 주변에서 그런 시계를 고른 사람을 본 적이 없어요.

B: 그렇죠? 예전에는 좀 큰 손목시계를 차고 다녔는데, 어디 다닐 때마다 자꾸 부딪혀서 작고 심플한 디자인으로 바꿨어요.

A: 의외로 그런 단점이 있었군요. 그럼 이전에는 식사할 때도 벗어두거나 하셨어요?

B: 네, 맞아요! 하지만 이 시계로 바꾸고 나서는 그럴 필요가 없어져서 참 편하답니다.

그리고 최종적으로는 시계라는 소유물이 아닌 상대방의 행동이나 인품을 칭찬하는 형태로 이야기를 마무리하는 흐름을 의식하세요.

　참고로, 직접 칭찬하는 것이 익숙하지 않은 사람에게는 '센스'라는 키워드를 추천합니다. '센스가 좋다' 같은 표현은 상당히 폭이 넓어 은근슬쩍 상대방을 칭찬할 수 있습니다. 이 밖에도 상대방의 행동이나 인품에 대해 '부러워요'나 '그런 건 아무나 못 해요'라는 문구도 추천합니다. 추상적이기는 해도 상대방의 행동이나 인품을 칭찬하는 것이라서 대접하는 데 딱 맞는 표현입니다.

공통점을 찾느라 애쓰지 말자

앞서 설명한 '소유·소속'을 통해 화제를 발견하는 방법은 처음 보는 상대방에게는 효과적입니다. 다만 잡담이 꼭 처음 보는 상황에서만 필요한 것은 아닙니다. 직장에서 얼굴만 아는 정도지 제대로 이야기해본 적이 없는 사람도 있을 겁니다. 이처럼 미묘한 거리감이 있는 상대방에게 사용할 수 있는 화제도 알아둡시다.

혹시 이런 관계에서의 잡담을 위해 상대방과의 공통점을

찾아본 적은 없나요? 이는 잡담을 못하는 사람이 하기 쉬운 실수입니다. 출신지나 나이, 취미, 지인 등에서 공통점이 있으면 이야기를 시작하기도 쉽다고 생각하죠. 하지만 실제로는 그런 공통점이 있을 가능성은 상당히 작습니다. 게다가 공통점을 찾아보려고 열심히 질문을 던지다 보면 어느새 심문하는 것처럼 되어버립니다. 상대방과 마음을 터놓기는커녕 위압감만 줄 우려가 있습니다.

이처럼 '잡담에서는 공통점을 화제로 삼는다'를 전제로 한다면, 오히려 자신과 상대방의 스트레스만 키울 수 있습니다.

'상대방과 다른 점'은 얼마든지 나온다

그렇다면 어떤 화제가 좋을까요? 스트레스 없는 잡담의 요령은 바로 차이점을 화제로 삼는 것입니다.

당신과 상대방은 당연하게도 가치관이 다릅니다. 따라서 공통점과 달리 차이점은 무제한이라고 할 수 있을 정도로 많습니다. 그 차이점에 주목하면 당신의 마음속에서 '왜 그럴까?'라는 소박한 의문이 솟아납니다. 머릿속에 떠오른 그 의문을 그대로 상대방에게 질문해보세요.

사실 이는 처음에 예로 들었던, 명함을 보고 상대방의 이름 등으로부터 신경 쓰였던 점을 솔직하게 질문하는 방법과 같은 구조입니다. 상대방이 질문에 답하는 과정을 통해 그것이 또 새로운 화제가 되어 자연스럽게 이야기가 확장되는 것입니다.

스마트폰을 예로, 당신은 아이폰 사용자이고 상대방은 안드로이드폰 사용자라고 칩시다.

A: 제 주변 사람들 모두 아이폰 사용자라서 저도 덩달아 아이폰을 쓰고 있는데, 안드로이드폰을 쓰게 된 결정적인 계기가 있나요?

B: 카메라의 화질을 중요하게 봐서, 아이폰보다 카메라 성능이 좋은 것으로 골랐어요.

A: 그렇군요. 뭔가 불편한 점은 없나요?

B: 아이폰 전용 앱이 의외로 많아서 남들 다 쓰는 앱을 못 쓸 때가 가끔 있어요.

이때는 되도록 상대방과의 차이점에 관한 질문을 하기 전에 당신이 화제에 대해 어떤 생각을 갖고 있는지를 전달합시다. 그래야 당신의 자아 개방이 되니까요. 앞선 사례에서 보면, '왜 안드로이드폰을 쓰는가?'뿐만 아니라 '나는 주변에 휩쓸려 아이폰으로 정했다'라고 밝힘으로써 질문의 의도가 전해지고 경계심도 약해집니다.

이쪽이 질문하고 상대방에게서 답을 얻을 때는 상대방이 생각을 공개해주어야 합니다. 이쪽이 손바닥을 보여주는 것은 상대방이 안심하고 대답하게 하는 최소한의 매너입니다.

그리고 앞선 사례에서 이야기를 확장해나간다면 "주로 어떤 사진을 찍나요?", "잘 나온 사진 몇 장만 보여주세요", "못 써서 가장 아쉬운 앱은 어떤 건가요?" 등 신경 쓰였던 점을 솔직하게 화제로 삼아봅시다.

그리고 어느 순간 키워드가 사라졌다면 상대방을 다시 잘 관찰해 당신과의 차이점을 찾아보고 '왜 그럴까?'라고 생각한 것을 질문해봅시다. 상대에게 관심을 가지면 화젯거리를 무궁무진하게 찾아낼 수 있습니다.

상대방과 공유하는 경험 찾아내기

지금까지 살펴본 내용만으로도 화제를 꺼내지 못해 곤란할 일은 없어지겠지만, 만약을 위해 알아두었으면 하는 방법을 한 가지 더 전해주고자 합니다. 바로 '상대방과 공유하는 경험'을 주제로 삼는 방법입니다.

　가까운 사이가 아니라서 공유하는 경험이 없다고 생각하기 쉬운데요, 꼭 그렇진 않습니다. 시간 축을 과거로 돌려보면 얼마든지 찾아낼 수 있습니다. 바로 다음과 같은 계절 이벤트입니다.

- 봄 입학식, 졸업식, 입사식, 꽃놀이 등
- 여름 여름 휴가, 불꽃놀이, 해수욕 등
- 가을 운동회, 핼러윈, 단풍놀이, 밤재 훈련 등
- 겨울 수능, 크리스마스, 밸런타인데이, 화이트데이 등

공유하는 경험에서
차이점을 이야기하기

물론 이 이벤트들을 과거에 상대방과 함께 보냈다는 것은 아
닙니다. 하지만 대부분 사람이 비슷비슷한 분위기를 경험했
을 겁니다. 그런 한편, 이런 이벤트를 보내는 방식이나 추억
은 사람마다 제각각이죠. 이것이 바로 상대방과의 차이점이
되고 화제가 되는 것입니다. 특히 단계 2의 자아 개방 연습에
서 적었던 '생활사건' 칸을 잘 활용하면 당신 쪽에서 먼저 화
제를 꺼낼 수 있습니다.

A 이제 곧 수능 시즌이군요. 제가 시험 볼 때 생각이 나네요. 눈 때문에 전철이 안 와서 지각할까 봐 발을 동동 굴렀어요.

B 아, 그러셨어요? 제가 살던 지역은 해마다 폭설이 내려서 고생이었어요. 혹시 모를 상황에 대비해서 전날 올라와 호텔에서 묵고 고사장까지는 걸어갔답니다.

수능 시즌과 같은 계절별 이벤트는 강렬한 추억으로 남기 쉽죠. 자신의 경험과 감정, 가치관을 얹어서 이야기해봅시다. 그러다 보면 상대방도 똑같이 인상적인 추억을 가진 경우가 많아서, 상대방 역시 자아를 개방해 돌려줄 겁니다.

저마다 다른 가치관이 잡담에는 좋은 소재가 되죠. 앞에서 차이점에 대해 '왜 그럴까?'라고 생각하는 것을 질문하면 된다고 설명했습니다. 당연한 얘기지만, 자기 의견과 다르더라도 상대방의 의견을 부정해서는 안 됩니다.

두 번째 만남부터는
'가르침을 청하기'

마음을 열고 있음을 보여주자

지금까지 다룬 화제의 주제는 친분이 깊지 않은 사람에게 효과적인 것이었습니다. 만남이 두 번째 이후라면 처음 봤을 때보다 표면적으로 서먹서먹한 것은 줄었을 겁니다. 그만큼 한 발짝 더 들어가도 되는 화제가 늘어나니 상대방을 대접하기가 더 쉬워지고, 이는 친밀한 인간관계를 구축할 기회가 됩니다.

두 번째 이후에는 당신이 마음을 열고 있음을 알리는 데

더욱 신경을 써보세요. 이를 위한 가장 쉬운 방법은 지난번 만남에서 나누었던 화제에 대해 긍정적인 행동을 했음을 보고하는 것입니다.

"지난번 만났을 때 알려주신 만보계 앱을 바로 깔아서 쓰고 있어요."

"지난번에 말씀하신 유명한 베이커리에서 맛있는 빵을 사 가서 회사 직원들에게 돌렸어요. 다들 엄청나게 좋아하더라고요."

이런 말을 듣는다면 상대방도 무척 기뻐할 겁니다. 그런데 지난번 잡담에서 이어갈 만한 화제가 없을 때도 있습니다. 이때는 가르침을 청하는 자세로 임하세요. 상대방이 뭔가를 빈틈없이 해내고 있다는 점을 화제로 삼아서, 그 부분에 대해 가르침을 청하는 흐름이 좋습니다.

'빈틈없이 해내고 있다는 점'이라고 하니 조금 어렵게 느껴질 수도 있는데, 꼭 특별한 것에 주목하지 않아도 괜찮습니다. '당연한 듯이 깔끔하게 해내고 있는 것'이라는 뉘앙스로 이해해보세요. 그리고 상대방의 모습이나 대화의 사소한

부분에서 '상대방의 빈틈없음'을 추출하는 데 집중하면서 이야기를 들어봅시다. 예를 들면 다음과 같은 내용입니다.

"항상 밝고 에너지가 넘치시는데, 남다른 비결이 있나요?"

"지난번에 만났을 때 느낀 건데, 서류도 항목별로 정말 깔끔하게 정리해놓으셨더라고요. 요령 같은 게 있으면 좀 가르쳐주세요."

"귀사에서는 직원 대부분이 야근 없이 업무를 끝낸다고 들었는데, 어떻게 하면 그렇게 효율적으로 일할 수 있나요?"

"지난번에 야근도 많다고 들었는데 그만큼 악착같이 해내는 요령이나 습관이 있나요?"

이처럼 당신이 가르침을 청하는 자세로 대하면 상대방은 '내가 인정받고 있구나'라는 기분을 느끼게 되고, 그만큼 친밀도가 높아집니다. 또 당연하게 여기던 것을 칭찬받으면 '이런 것도 칭찬해주는구나' 하고 기쁜 마음이 생깁니다. 자신을 이해해주고 있음을 깨닫고 당신에게 긍정적인 인상을

갖게 됩니다. 좋은 인간관계가 만들어진다면 잡담 역시 더

자연스럽게 무르익을 겁니다.

상대도

'스트레스 없는 잡담'을 하도록

여유가 생기면
상대방의 불안이 보인다

잡담을 못했던 당신이지만, 지금까지 소개한 요령을 익히면 잡담에 대한 허들도 낮게 느껴지지 않을까요? 시작만 좋다면 긴장하지 않고 잡담을 즐길 수 있게 됩니다.

하지만 당신이 잡담에 대한 스트레스를 느끼지 않더라도 상대방이 긴장하고 있다면 이야기가 좀처럼 활기를 띠지 못합니다. 커뮤니케이션은 상대방이 있어야 비로소 성립되는 것이라서, 당신뿐만 아니라 상대방의 심리도 중요합니다. 그래서 단계 3의 마지막에서는 산업의인 제가 평소에 사용하는 '상대방이 긴장하고 있어도 자연스럽게 이야기를 확장할 수 있는 화제'를 소개하겠습니다.

산업의는 건강검진 결과가 좋지 않은 직원을 대상으로 병원 진료를 권유하기 위해 면담하는 기회가 많습니다. 물론 그럴 때는 처음 만나는 상황이기도 하고, 상대방 입장에서는 '산업의가 호출하다니, 무슨 말을 듣게 될까' 싶어 상당히 경계를 합니다. 경계한다는 건 대인 심리로서는 좋지 않은 상태로, 어떤 말을 하더라도 내용이 잘 전달되지 않습니다. 제가 그의 건강을 염려하는 마음 역시 전혀 전해지지 않습니다. 그래서 저는 처음 만날 때 가능하면 가벼운 잡담으로 시작해서 조금이라도 편안한 분위기를 조성하는 것을 목표로 합니다.

당신도 마음의 여유가 생겨나면 상대방의 긴장이나 불안이 느껴질 겁니다. 그렇게 한 단계 올라섰다면, 당신이 먼저 '잡담하기 쉬운 분위기'를 만들어내 주위 사람들도 '스트레스 없는 잡담'을 할 수 있도록 이끌어주세요.

제가 애용하는 화제를 소개하겠습니다. 어디까지나 산업의
의 면담에서 사용하는 화제이니 포인트를 잘 잡아 당신 나름
대로 재구성해보길 바랍니다.

① "바쁜 시간대였지요?"

이는 오전이든 오후든 저녁이든, 선배든 친구든, 언제나
누구에게나 사용할 수 있는 표현입니다. 이 화제로 잡담을
시작하면 이후에는 상대방이 어떤 대답을 하더라도 어느 정
도 이야기를 확장할 수 있습니다. 예를 들면 제 업무에서는
다음과 같이 이야기가 진행됩니다.

필자: 어서 오세요. 참 바쁜 시간대였지요?
상대: 아니요, 저녁이 더 바빠서 지금은 괜찮습니다.
필자: 그래요? 저녁부터는 뭔가가 있나요?
상대: 주간 회의가 있어서요.

준비가 꽤 필요하거나 시간이 긴 회의인가요?

맞아요. 어제는 온종일 회의 자료를 만들고 상사한 테 검사받았어요.

그러면 하루의 수면 시간도 충분하지는 않겠군요.

'바쁘다'라는 주제를 출발점 삼아 하루의 일정에 초점을 맞춘다면 어떤 방향으로도 이야기를 확장할 수 있습니다. 만일 "바빴어요"라고 대답한다면 "바쁜 시기인가요?"처럼 이어갈 수 있고, "요즘 한가해요"라는 말을 들었다면 "퇴근 후에는 뭘 하시나요?"와 같이 업무 이외의 화제로까지 확장할 수 있습니다.

저는 하루 수면량 등 건강에 대한 화제를 이어가고 싶어서 '하루'라는 기간을 설정하고 이야기할 때가 많습니다. 만일 당신이 업무 내용에 관해 듣고 싶다면 "어떤 업무가 많나요?"라고 자연스럽게 연결하면 됩니다. 바쁜 시기나 시간대를 출발점 삼아 잡담을 시작하는 방법을, 본론으로 들어가기 위한 쿠션 차원에서 꼭 한번 사용해보세요. 그런 다음 당신이 이야기하고 싶은 화제로 서서히 옮겨가 봅시다('그러데이션 주기' 참고).

②"지금 부서에는 얼마나 계셨어요?"

업무상 처음 보는 사람과 만났을 때 사용할 수 있는 말입니다. 지금 부서의 업무와 이전 업무 양쪽을 원활하게 들을 수 있기 때문에, 이야기를 확장하기 쉬워 잡담의 출발점으로 매우 유용합니다.

필자: 지금 부서에는 얼마나 계셨어요?

상대: 지금 부서는 이제 딱 3년 차네요.

필자: 그전에는 어디에 계셨나요?

상대: 줄곧 현장에 있었어요. 3년 전에 내근직으로 전환됐어요.

필자: 그랬군요. 그럼 책상에서 업무를 보느라 운동량도 줄어들지 않았을까요?

상대: 그렇죠. 그래서 더더욱 식사에 신경 써야 한다고는 생각하고 있는데….

이 출발점으로 이야기를 시작함으로써 과거와 현재 업무의 차이 등을 상대방이 말하게 할 수 있습니다. 그러면 상대방의 소유·소속에 관한 새로운 정보를 얻을 수 있습니다. 상대방에게 갑자기 업무에 대한 화제를 꺼내는 데 거부감이 있다면, 먼저 자신의 업무를 개방하면 더 원활하게 이야기를 확장할 수 있습니다.

물론 업무 이야기만 해도 좋지만, 다른 주제로 이야기를 확장할 수도 있습니다. 휴일을 보내는 방법 등을 물어볼 수 있다면, 거기에는 상대방의 취미 등이 포함된 경우도 많아 상대방의 소유·소속을 더 잘 알 수 있게 되죠.

'건강'은 인류 공통의 화제

어떤 상대방에게도 쉽게 제공할 수 있는 화제로 저는 '건강 뉴스'를 자주 사용합니다. 누구나 건강해지고 싶어 하므로, 상대방이 전혀 관심을 보이지 않을 위험이 적어 매우 무난한 출발점이 되기 때문입니다.

특히 이 책을 집필하기 시작한 2020년은 전 세계가 신종 코로나바이러스 감염증(코로나19)이라는 화제로 도배가 되었기 때문에, 잡담의 출발점으로 자연스럽게 그런 종류의 이야기를 꺼내는 경우가 많았습니다. 물론 코로나19 이외에도 다음에서 예로 든 흔한 계절별 질환 등도 있으니 여기서부터 대화를 시작하는 것도 좋습니다.

- 봄: 황사, 미세먼지, 꽃가루 알레르기 등
- 여름: 햇볕, 온열 질환, 식중독 등
- 가을·겨울: 독감, 노로바이러스, 감기 등

이 키워드에서 상대방에게 친숙한 화제로 조금씩 그러데이션을 주세요. 저는 건강검진 결과라는 화제로 옮겨가는 경우가 많습니다.

참고로 건강 뉴스는 이야기의 출발점으로 자주 사용되기도 하지만, 건강에 신경 쓰는 사람이 많아서 잡담의 주된 화제가 되기도 합니다. 계절에 따라 유행하는 질환 등을 출발점으로 삼는다면, 자기 나름대로 실천하고 있는 건강 습관을 개방하면서 아주 쉽게 이야기를 확장해나갈 수 있습니다.

> A: 요즘 감기를 예방하려고 코 세척에 도전하고 있어요.
> 당신도 건강 면에서 주의하는 것이 있나요?
> B: 효과가 있는지는 모르겠는데, 비타민 보조제를 먹고
> 있어요.
> A: 보조제라고 하면 종류가 참 많죠! 어떤 게 좋은지 좀 가
> 르쳐주실래요?

만약 독자적으로 실천하고 있는 건강 습관이 따로 없다면 목캔디를 하나의 아이템으로 사용해보세요.

> "감기 예방법은 아닌데, 평소에 목이 건조해지지 않게끔 항상 목캔디를 갖고 다녀요."

그러면서 실제로 목캔디를 상대방에게 보여주는 방법도 있습니다. 잡담으로 대접을 하기 위해 미리 목캔디를 준비하는 것도 소소한 자기 투자가 아닐까요? 상대방의 반응을 보

고 캔디 하나를 건네준다면 더욱 친밀한 관계가 될 겁니다.

건강 습관에 효과가 있는지 없는지는 딱히 관계없습니다. 건강 습관을 이야기의 출발점으로 삼음으로써, 다음에는 상대방 나름의 건강 습관이나 의식하고 있는 것을 듣고 이야기를 확장하는 것이 중요합니다.

일테면 건강 뉴스와 날씨를 결합해 '기상병'을 화제로 삼을 수도 있습니다.

"비 오는 날에는 심한 두통이 와서 장마철이 되면 꽤 고생한답니다."

"저기압이 가까워지면 예전에 다쳤던 무릎 관절이 쑤셔서 일기예보를 안 보고도 알 수 있어요."

"햇볕이 쨍쨍 내리쬘 때는 피부가 금세 타서 벌게져요."

이처럼 건강 뉴스와 날씨를 섞으면 이후로는 어느 방향으로도 이야기를 키워나갈 수 있기에 제가 적극적으로 추천하는 방법입니다.

어쩌면 당신은 이제까지 잡담의 화제에 대해 고민하면서

최신 뉴스 등 화제가 될 법한 것을 체크하고 있었을지도 모릅니다. 그러나 잡담이란 사람 대 사람의 커뮤니케이션이며 상대방이 존재하기에 비로소 성립됩니다. 잡담을 잘하는 사람은 대접에도 능숙합니다. 뉴스나 잡학을 체크하기 이전에 잡담을 함께 나누는 상대방에 주목하세요.

우선 상대방이 관심을 갖고 있는 것이나 소유한 것, 소속되어 있는 것에 주목하는 것이 좋습니다. 이것들을 화제 삼아 상대방이 기분 좋게 이야기를 하게끔 공을 살짝 넘겨주는 겁니다. 의식에 아주 약간의 변화만 줘도 정말 즐거운 잡담을 할 수 있습니다.

'차이점'을 발견하는 사람 관찰하기 연습

이번 장에서 설명했듯이 화제를 찾아낼 때는 '공통점'이 아닌 '차이점'에 주목하기를 추천합니다. 차이점에 금세 주목할 수 있게 되는 연습 방법을 소개합니다. 바로 '거리에서 만나는 생판 모르는 사람을 무작위로 골라 당신과의 차이점 세 가지를 꼽아보기'입니다. 출퇴근 중이나 휴일에 외출했을 때 게임을 한다는 느낌으로 가볍게 연습해볼 수 있습니다.

처음에는 복장, 헤어스타일, 소지품 등 눈에 보이는 특징만으로도 충분합니다. 점차 익숙해지면, 그 사람의 분위기 등도 언어화할 수 있습니다. 예를 들면 '월요일 아침부터 아주 활기가 넘치는 듯', '걷는 속도가 느려서 차분한 것 같음' 등입니다.

여기까지 그림을 그려볼 수 있다면 실제 잡담에서 "아침에 활기 넘치는 비결 같은 게 있나요?"라고 상대방이 관심을 가질 만한 화제를 꺼낼 수 있습니다.

꼭 실전 잡담이 아니더라도 연습할 수 있으니, 매일 주변 사람을 관찰하면서 차이점을 예민하게 포착하는 안목을 길러보세요.

CHATTING
WITHOUT
STRESS.

'듣기'가 인상을 결정한다

자아를 개방하고 화제를 준비하는 것만으로도 잡담에 대한
불안을 조금이나마 해소할 수 있지 않았나요? 다음 단계는
'이야기를 듣는' 데 주력하는 것입니다.

　여러 번 강조했지만, 언변이 좋은 사람이라고 해서 꼭 잡
담을 잘하는 것은 아닙니다. 잡담을 잘하는 사람의 공통점은
상대방의 이야기를 제대로 들을 줄 안다는 것입니다. '이야
기를 듣는' 것이 커뮤니케이션에서 중요하다는 사실은 아마

당신도 잘 알 겁니다.

지금까지 병원에서 진찰을 받아본 경험이 한 번쯤은 있으리라고 생각합니다. 그때 '의사 선생님이 내 이야기를 잘 들어주었구나'라고 생각한 적이 있지 않았나요?

이와는 반대로, 이야기를 잘 들어주는 분위기도 아니고 진료 시간도 2분 정도밖에 안 되는 바람에 후딱 약만 처방받고 끝난 경험도 있겠지요. 비록 증상이 개선되어 목적이 달성되었더라도 이야기를 잘 들어주지 않았다고 느껴졌을 겁니다. 이럴 때는 신뢰감이 생겨나지 않고 만족도도 떨어집니다.

이처럼 이야기를 잘 들어주지 않으면 어떤 화제로 잡담을 하든 상대방이 당신에게 갖는 인상은 별로 좋아지지 않습니다.

똑똑한 사람일수록
듣기에 서툴다

의사에만 국한된 이야기는 아니지만, 사고 능력이나 추론 능력이 높은 사람일수록 타인의 이야기를 잘 듣지 못하는 경향이 있습니다. 하나를 들으면 열을 알 수 있을 때가 많아, 이야기를 주의 깊게 듣지 않아도 스토리의 대략적인 흐름을 예상할 수 있기 때문입니다.

특히 의료의 경우 경험이 많으면 많을수록 머릿속에서 패턴화가 되기 쉽습니다. 즉, '이런 증상이 나타났을 때는 이런 검사를 해서 이런 약을 처방하면 된다'라는 순서도가 머릿속에 만들어져 있습니다. 그래서 환자가 만족할 만큼 이야기를 충분히 듣지 않고 대응하는 경우가 많습니다.

하지만 증상이 똑같더라도 환자의 배경은 저마다 다릅니다. 이야기를 제대로 들어야 한다는 건 두말할 필요도 없죠. '이 사람은 이렇게 생각하겠지' 하고 머릿속에서 떠올리는 것이 아니라, 이야기를 제대로 듣는 습관을 들여 상대방을 대접합시다.

'내용'이 아닌
'기분'에 귀를 기울이기

그렇다면 '이야기를 듣는 힘'이란 구체적으로 무엇일까요?

대화에서는 같은 단어가 사용되었더라도 장면이나 상황에 따라 헤아리거나 행동을 읽고 적절하게 판단할 필요가 있습니다.

예를 들어 다음 두 가지 '괜찮아'라는 말은 똑같은 의미로 사용되고 있을까요?

A: 응, 괜찮아!

B: 응, 괜찮아….

A와 B는 똑같이 '괜찮아'라는 말을 했지만 상대방의 기분은 상당히 달라집니다.

그렇습니다. 듣는 힘이란 바로, 상대방의 기분을 정확하게 파악하는 능력입니다. 혹시 당신이 이야기를 진지하게 들었더라도 상대방의 의도를 잘못 파악하고 있다면 상대방은 '어, 내 말이 제대로 전달되지 않는 건가?' 하는 생각에 불안감을 느끼게 됩니다. 더구나 이런 일이 자주 발생한다면 상대방도 이야기할 마음이 사라지고 말겠죠. 즉 이야기의 내용을 이해하는 것 이상으로 그 이야기를 하는 상대방의 기분을 파악하는 것이 중요하다는 뜻입니다.

기분을 정확하게 파악하는 데 중요한 힘 두 가지가 있습니다. '상대방을 관찰하는 힘'과 '상대방에게 관심을 갖는 힘'입니다.

상대방의 기분을 알기 위해서는 제대로 관찰할 필요가 있습니다. 관찰이라고 해서 거창한 것이 아니라, 최소한 화제에 대해 긍정적인 의견인지 부정적인 의견인지만 파악할 수 있으면 됩니다. 상대방의 세세한 기분까지는 알지 못하더라도 기분의 뉘앙스만 파악할 수 있다면 상대방에게 상처를 주는 반응은 피할 수 있습니다.

특히 감정이 겉으로 잘 드러나는 얼굴에 주목합시다. 표정이 굳어 있거나, 눈을 동그랗게 뜨거나, 갑자기 시선을 피하면서 아래를 보거나 하는 등의 신호를 포착하는 것이 중요합니다. 물론 상대방의 손짓이나 몸짓, 말투 등 전체적인 분위기에도 주목합시다.

이 '관찰하는 힘'은 단계 1에서 소개했던 '인사'와 마찬가지로 조금씩 익숙해질 필요가 있습니다. 먼저 상대방의 감정이 긍정적인지 부정적인지, 한 가지에만 주목해서 관찰하는 힘을 조금씩 단련해보세요.

커뮤니케이션에서는 상대방에게 관심을 갖는 것이 중요합니다. 물론 관심이 생기지 않아 이야기를 하기가 어렵다면 무리하게 잡담을 할 필요는 없습니다. 다만 애초에 남에게 관심을 갖지 못하는 사람이 있습니다. 이런 사람은 상대방이 누가 됐든 잡담을 제대로 해나가지 못하죠. 혹시 '이건 내 이야기야'라는 생각이 든다면, 잡담의 스트레스를 없애기 위해서라도 잘 읽어보세요.

상대방에게 관심을 갖지 못하는 사람은 어떤 사람일까요?

첫째는 머릿속이 자기 일로만 가득 찬 사람입니다. 이런 사람은 잡담을 하고 있을 때도 '침묵이 생겨선 안 돼' 또는 '이상하게 보진 않을까?'처럼 자기가 상대방에게 어떻게 보일지에만 신경을 씁니다. 잡담이란 게 정신적인 여유가 없을 때는 잘 안 되는 법입니다.

둘째는 자기 자신에 대한 집착이 너무 강해 임기응변으로 상대방에게 맞춰줄 수 없는 자기중심적인 사람입니다. 물론

'관심이 없으면 잡담하지 않는다'라는 자세는 항상 유지해야 겠지만, 단계 0에서 설명했듯이 잡담을 함으로써 생기는 이점은 생각 외로 많습니다. 상대방에게 관심을 가질 수 있도록 의식을 전환하는 것도 당신에게 의미 없는 일은 아닙니다.

그렇다고 갑자기 '상대방에게 관심을 가집시다'라는 말을 듣고 자신을 당장 바꿀 수 있는 것도 아니죠. 그러니 일단 상대방에게 '나는 당신에게 관심이 있어요'라는 말을 전하듯이 행동하는 데서부터 시작해봅시다.

대화를 진행해나가는 동안 당신이 관심을 가질 만한 키워드가 나올 수도 있습니다. 그 가능성을 끌어내기 위해서라도 상대방의 기분이 좋아지게 이야기해줄 필요가 있습니다. 만일 한순간이라도 당신이 상대방에게 관심을 갖고 있지 않다는 신호가 전해진다면, 두 사람의 관계가 친밀해지기까지는 상당한 시간이 필요할 겁니다. 관계가 친밀해지면 자연스럽게 상대방에게 관심이 생기는 법입니다.

관심이 있다는 것을 전하기 위해 효과적인 방법은 속도·리듬과 감정을 서로 맞추는 것입니다. 하나씩 설명하겠습니다.

먼저 상대방의 속도에 맞추는 것에 관해서입니다.

예를 들어 상대방이 속도가 느리고 주로 침묵하는 사람이라면 당신은 어떻게 하겠습니까? '침묵은 곧 악이다'라고 인식하는 탓에 당황스러운 나머지 어떻게든 침묵을 메우려고 하지 않을까 생각됩니다.

한편 누군가에게 질문을 받으면 곰곰이 생각하고 나서 대답하는 유형도 있습니다. 이때 다음과 같은 말을 보태면서 대답을 재촉한 경험은 없습니까?

"아니, 심각한 건 아니고…."

"느낌만 말해주셔도 되니까…."

이는 결코 상대방의 속도에 맞춰준다고 할 수 없습니다. 흔히 대화를 '언어의 캐치볼'에 비유하듯이, 상대방이 공을 가지고 있을 때는 돌아오기를 가만히 기다릴 필요가 있습니다. 특히 처음 봤을 때처럼 관계가 친밀하지 않을 때는 상대방의 캐치볼 역량을 알기 어려워 다음과 같은 실수를 하기 쉽습니다.

이는 상대방을 대접하는 대화라고 할 수 없습니다. 일단 상대방의 속도에 맞추려면, 대화가 시작되었을 때 공을 어느 쪽이 갖고 있는지 의식하세요. 그런 다음 상대방이 천천히 말하는 사람이라면 그 속도에 맞춥시다. 이렇게 의식한다면, 속도에 따라서는 다소의 침묵이 발생하는 것도 정답이라는 사실을 알게 됩니다. 즉, 이때는 침묵을 두려워하지 않고 당신이 잠자코 기다리는 자세야말로 최고의 대접입니다.

또 상대방과 시선을 맞출 때는 속도뿐만 아니라 음정과 성량까지 맞춰주는 것이 가장 좋습니다. 물론 처음 인사는 밝고 활기 넘치게 하는 것이 좋습니다. 다만, 대화가 시작되고 나서는 상대방에 맞춰 리듬을 타는 것이 중요하다는 사실을 잊지 마세요.

처음부터 완벽하게 할 수 있는 사람은 아무도 없으니 기죽을 필요는 없습니다. 차츰 익숙해지면 됩니다.

② 감정 맞추기

다음에는 감정을 맞추는 데 집중해봅시다. 상대방의 생각이나 기분에 관심을 갖고, 마치 자신이 느끼고 있는 것처럼 이해하고 받아들이는 것이 포인트입니다. 이런 태도로 상대방을 대하다 보면 서서히 관계가 친밀해지고 당신에 대한 신뢰감이 높아질 겁니다.

감정을 맞추는 데에는 비언어적 커뮤니케이션도 중요합니다. '네', '그렇군요' 등 상대방의 기분에 다가가듯이 맞장구를 치며 반응합시다. 이렇게만 해도 '당신의 기분을 이해하고 있어요'라는 점이 상대방에게도 전해집니다. 그러면 상대방은 자신이 소중하게 여겨지고 있다는 것을 알게 되어 마음을 놓고 편안하게 대화를 이어갈 수 있습니다.

상대방에 대해 관심이 가지 않더라도 일단 관심을 갖고 있는 것처럼 보여주세요. 그렇게 해서 조금씩 친밀해지면 상대방의 새로운 일면을 알 수 있고, 거기에 관심을 갖게 될 수도 있습니다. '잡담하지 않는다'라는 비장의 카드를 갖고 있으면서, 극단적으로 관계에 선을 그어버리지는 말고 조금씩 거리를 좁혀보기를 권합니다.

'닫힌 질문'과 '열린 질문'을
구분해서 사용하기

관찰하는 힘과 관심을 갖는 힘을 키웠다면, 다음은 '반응하는 힘'입니다. 상대방의 말을 듣고 적절하게 반응하면, '당신에게 관심이 있습니다'라는 메시지를 더욱 강하게 전할 수 있습니다.

사람은 누군가가 자기 말을 들어줄 때 기분이 좋아집니다. 아마 모든 사람이 '나를 표현하고 싶다', '나를 받아들여주었으면 좋겠다'라고 생각하지 않을까요? 다만 우리는 성인이기에 때와 장소, 상황을 가리지 않고 자기 이야기만 하진 않습니다. 그렇기에 대접하는 입장에서 당신의 역할은 상대방이 이야기를 자연스럽게 이어가도록 흐름을 만드는 것입니다. 이런 흐름이야말로 좋은 반응이며, 이를 끌어낼 수 있는 사람이 대접의 고수입니다.

이런 흐름을 만드는 잡담을 하려면 '질문'이 필요합니다.

질문에는 '닫힌 질문'과 '열린 질문'이 있습니다. 둘의 차이를 간단히 설명하겠습니다.

먼저 '닫힌 질문'이란, 상대방이 '예' 또는 '아니요'로만 대답할 수 있는 질문을 뜻합니다. 예를 들면 다음과 같습니다.

A: 운동하는 걸 좋아하시나요?
B: 예, 좋아합니다.

그리고 '열린 질문'이란 육하원칙 을 사용한 질문을 뜻합니다. 즉 '누가, 언제, 어디서, 무엇을, 어떻게, 왜'를 사용한 질문입니다.

A: 무슨 운동을 좋아하세요?
B: 축구를 좋아해요.

이 두 가지 대화를 비교했을 때 어느 쪽이 상대방의 정보를 더 잘 얻을 수 있는지는 명확합니다. 열린 질문을 하면 더욱 밀도 높은 정보를 들을 수 있으며, 이후 이야기를 확장해나가는 데에도 도움이 됩니다. 따라서 대접을 목적으로 하는 잡담에서는 열린 질문을 사용하는 것이 기본입니다.

다만 열린 질문을 잡담 초반에 반복해서 사용하는 것은 그다지 추천하지 않습니다. 상대방과 아직 친밀하지 않기에 몇 분 정도의 가벼운 잡담을 할 때는 열린 질문에 집착할 필요가 없습니다. 오히려 닫힌 질문을 했을 때 상대방이 부담을 적게 느낍니다. 그리고 닫힌 질문을 통해 상대방의 말하는 속도를 파악할 수 있다는 이점도 있습니다. 그런 다음 대화에 진전이 있을 때 열린 질문을 통해 상대방과의 거리를 조금씩 좁히는 것이 좋습니다.

처음부터 파고들듯이 열린 질문을 한다면, 상대방이 피하고 싶어 하는 질문을 하게 될 위험도 있습니다. 상대방이 어떻게 답변하는지를 잘 관찰해서 이 화제를 더 확장해도 좋을 지 판단해보세요.

우선 닫힌 질문을 대화의 계기로 사용한 다음 열린 질문을 사용해 이야기를 전개하는 흐름이 자연스럽고, 제가 추천하는 방식입니다. 특히 열린 질문을 할 때는 '언제', '어느 정도' 등 숫자로 대답할 수 있는 질문으로 하면 상대방도 대답하기 편하고 서로가 비슷한 그림을 그려갈 수 있다는 이점이 있습니다.

A: 여기까지는 지하철을 타고 오셨어요?
B: 맞아요.
A: ○호선인가요?
B: 네, ××역에서 갈아탔어요.
A: 그렇군요. 얼마나 걸리셨어요?
B: 1시간 좀 안 걸렸네요.

이처럼 하나의 닫힌 질문부터 시작해 그 화제를 깊게 파고드는 방법의 요령은, 머릿속에서 상대방이 행동하고 있는 모습을 구체적인 영상으로 상상해보는 것입니다.

　방금 전의 사례를 보자면, 먼저 상대방이 지하철을 타고 있는 모습을 상상해보세요. 그리고 자신이 한 상상이 맞는지 확인하는 차원에서 질문을 해봅니다. 그러면 자연스럽게 화제를 더 깊이 파고들거나 새로운 화제를 끌어낼 수 있습니다.

A 어느 역에서 타고 오셨어요?

B ○○역에서 갈아탔어요.

A 전철에 학생들이 엄청나게 많지 않던가요?

B 많더라고요. 중간고사 기간인가 봐요.

A 요즘 코로나 때문에 서 있어도 손잡이를 잡기가 좀 그렇죠?

B 맞아요. 그래도 저는 넘어질까 봐 손잡이를 꼭 잡아요. 내리고 나서 얼른 손 소독제를 쓰죠.

　이렇게 이야기를 전개해나간다면 부자연스럽지도 않고 대화가 중단되는 일도 없습니다.

　친분이 깊지 않은 상대방에게 질문을 할 때는 '닫힌 질문

→ 열린 질문'의 순서, 상대방의 행동을 영상으로 상상하는 것이 포인트입니다.

불쾌감을 주지 않는 질문 매너

대화를 확장하려면 질문이 필수인데, 때에 따라서는 상대방을 난처하게 하거나 불쾌감을 주게 될 때도 있습니다. 이런 일이 생기지 않게끔 질문을 할 때는 다음 세 가지 매너를 지켜야 합니다.

- 질문은 완곡한 표현으로 하기
- 같은 주제에서 깊이 들어가는 질문은 세 번까지만
- 질문한 다음에는 상대방의 발언을 기다리기

지금부터 이 매너들에 관해 하나씩 설명하겠습니다.

① 질문은 완곡한 표현으로 하기

처음부터 대답이 고정화·구체화되는 질문은 피하세요. 특히 앞서 설명한 5W1H를 사용하는 열린 질문 중에서도 '어떻게'와 '왜' 이외에는 매우 구체적인 대답이 될 가능성이 크니 주의가 필요합니다. 예를 들어 다음과 같은 질문은 어떨까요?

"이 회의 끝나면 '어디로' 가세요?"

이렇게 질문을 받으면 "B 회사요"처럼 구체적으로 대답해야 한다는 압박을 받습니다. 상대방 입장에서 별로 대답하고 싶지 않다면 "C 동네 쪽으로 가요"처럼 약간 얼버무릴 겁니다. 상대방이 얼버무렸다는 것을 알게 되면 분위기가 약간 어색해집니다. 상대방에게 팬스레 마음을 쓰게 했으니 대접하는 잡담은 아닌 거죠.

이처럼 갑작스레 상대방에게 구체적인 대답을 요구하는 질문 방식은 피하는 것이 좋습니다. 상대방이 질문에 대답하고 싶지 않아 할 가능성도 잊지 맙시다. 질문을 할 때는 상대방에게 회피할 구석을 남겨두는 것이 매너입니다.

이에 추천하는 방법은 '어떤 식으로?', '어떻게 해서?', '어느 쪽으로?'와 같은 표현을 쓰는 것입니다. 완곡한 질문을 하는 데 유의한다면 앞서 나왔던 질문은 다음과 같이 달라집니다.

"이 회의 끝나면 어느 쪽으로 가세요?"

이렇게 하면 앞서 나온 '어디로 가세요?'보다는 부드러운 질문이 됩니다. 물론 이 질문에는 "B 회사요"라든지 "C 동네 쪽으로 가요"라고 대답해도 되고요.

즉 상대방이 어떤 식으로 대답하든 상관없는 질문이야말로 대접에 걸맞은 질문입니다. 물론 여기서부터는 상대방이 대답하기 나름이라, 화제를 더욱 깊게 파고들어 이야기를 확장할 수도 있습니다. 다만 이때도 가능한 한 상대방에게 제한적 또는 구체적인 대답을 요구하는 질문은 하지 않도록 주의하세요.

② 같은 주제에서 깊이 들어가는 질문은 세 번까지만

같은 주제 안에서 하는 질문은 세 번까지로 합시다. 도중에 화제가 바뀐다면 문제없지만, 하나의 키워드만 고집하면서 그것만 깊게 파고드는 것은 질문이 아닌 심문입니다. 예를 들어 다음과 같은 대화를 이어간다면 당신은 어떻게 느낄까요?

A: 예전에 이야기했던 사내 등산 이벤트는 잘 끝났나요?

B: 생각보다 참가자가 많아서 분위기가 좋았어요. 평소 운동 부족이라 다음 날 근육통으로 고생했지만요.

A: 왜 이번에 등산에 참여하겠다고 생각했어요? ①

B: 평소 운동 부족이라 그게 좀 해결될까 싶어서요.

A: 정상까지는 시간이 얼마나 걸렸어요? ②

B: 출발하고 쉬는 시간 포함해서 3시간 정도였어요.

A: 등산이란 건 얼마나 되는 인원이 참여해야 적절한가요? ③

B: 글쎄요. 이번에는 사내에서 10명이 참여했어요.

A: 등산을 하려면 준비할 것도 많을 듯한데, 어땠어요? ④

B: 맞아요. 확실히 짐이 많아서 준비는 힘들었어요.

A: 등산의 매력이란 무엇인가요? ⑤

B: 자연을 접할 수 있다는 점 아닐까요….

이렇게 네 번, 다섯 번이나 '등산'을 주제로 계속 파고들면 상대는 숨이 막힙니다. 많아도 세 번까지가 매너라고 생각합시다.

이번 사례의 경우 상대방의 대답 중에 포함된 '운동 부족'이라는 키워드를 포착해 "등산 말고 하시는 다른 운동도 있나요?"와 같은 화제로 그러데이션을 주면서 서서히 이야기를 바꿔가는 편이 자연스럽습니다. 또는 '사내 이벤트'라는 키워드에서 "그 밖에 또 어떤 이벤트가 있나요?"처럼 확장할 수 있습니다.

한 가지 화제만 고집하지 말고 점차 화제를 바꿔가면서 질문해야 한다는 점을 기억하세요.

③ 질문한 다음에는 상대방의 발언을 기다리기

질문을 한 다음에는 상대가 답할 수 있도록 입을 다무는 것이 좋습니다. 당신이 질문하고 난 다음에 상대방이 대답을 생각하기 위해 침묵하는 경우가 있습니다. 이때 자기도 모르게 무례를 범하기 쉽습니다. 이 침묵을 참지 못하고 당신이 다른 질문을 추가하거나, 당황해서 보충 질문을 하는 상황입니다.

앞서 설명한, 듣기를 잘 못하는 사람의 특징이기도 하죠.

예를 들어 다음과 같은 대화를 한 적은 없나요?

회사 근처에 대형 쇼핑몰이 오픈했는데 분위기가 좀 어때요?

으음….

아니, 얼마나 혼잡한지 말이에요. 참 붐비겠다 싶어서…. TV에서 오픈 전부터 특집을 꽤 편성해서 방송되고 있길래 궁금해서요. 아니, 아는 범위 내에서라도….

'상대방에게 관심을 갖는 두 가지 방법'에서도 설명했지만, '당신이 질문한 다음'이라는 말은 캐치볼로 치면 상대방이 공을 가지고 있는 상태입니다. 이런 상태에서 당신이 공을 더 던지는 건 매너에 어긋나는 행동입니다. 상대방이 공을 되던져야 비로소 대응할 필요가 있다는 뜻입니다. 침묵에 익숙하지 않은 사람일수록 이처럼 매너를 위반하기 쉬우니 주의해야 합니다.

자연스럽게 대화가
이어지는 '앵무새처럼
따라 하기'와 '요약'

키워드를 잡을 때는
'앵무새처럼 따라 하기'

질문하기 이외에도 상대방의 기분에 다가간 잡담을 하려면 '앵무새처럼 따라 하기'와 '요약하기'라는 대응법도 아주 효과적입니다.

상대의 말을 따라 하는 이유는 '네, 그렇지요' 등 전형적인 맞장구만 친다면 대화가 한쪽으로 치우치게 되기 때문입니다. 상대방 입장에서도 '정말 잘 듣고 있는 건가?' 하고 불안해집니다. 맞장구 대신 상대방의 말을 앵무새처럼 따라 하거나 내용을 요약해 '제대로 듣고 있어요'라는 점을 전달해보세요. 키워드를 따라 하면서 이야기를 확장하면, 그것이 기점이 되어 다음부터 할 이야기의 방향성을 서로 인식할 수 있다는 이점도 있습니다.

> A: 얼마 전에 후배가 이직을 해서 오랜 꿈이었던 프렌치 레스토랑의 셰프가 되었대요.
>
> B: 프렌치 레스토랑의 셰프요?
>
> A: 네, 원래 다니던 회사는 중소기업이었는데 주로 사무 업무를 했었거든요. 그런데. 다른 업계로 이직하다니 얼마나 용기가 필요했겠어요.
>
> B: 이직은 정말로 용기가 필요하지요.
>
> A: 이직 경험 같은 건 있나요?
>
> B: 저는 같은 업종에서만 해봤어요. 당신은 어때요?

이렇게 당신이 굳이 새롭게 화제를 찾아내지 않더라도, 직전 대화에서 키워드를 잡아 앵무새처럼 따라 하는 것만으로도 자연스럽게 대화가 이어집니다. 짧은 시간이라면 앵무새처럼 따라 하기만으로도 충분히 잡담이 성립됩니다.

'요약'할 때는 감정을 파악하기

잡담 시간이 조금 길어지면 따라 하기만으로 대처하기는 어렵습니다. 상대방도 '나만 신나게 떠들었나?' 하고 머쓱해져서 입을 다물지도 모릅니다. 그러면 상당히 어색한 순간이 될 수 있죠. 이럴 때는 약간의 내용 요약만 섞어줘도 상대방이 그런 기분을 느끼지 않습니다.

그런데 따라 하기와는 달리 상대방의 말을 요약하는 건 좀 어렵게 느껴지지 않나요? 그래서 요약할 때의 포인트를 설명하고자 합니다.

먼저 이야기를 들었을 때 '어떤 이야기였는지'를 상대방의 감정을 넣어 한마디로 표현해보세요. 절대 어렵게 생각할 필요 없이 간단한 한마디입니다.

예를 들어 상대방이 편의점에서 복권을 샀는데 3등에 당첨되었다는 이야기를 했다고 칩시다. 이를 한마디로 표현한다면 '행운이 따른 이야기', '일상의 소확행 이야기' 정도가 되지 않을까요? 여기서 중요한 것은 슬픈 이야기인지, 즐거운 이야기인지, 기쁜 이야기인지, 놀라운 이야기인지와 같이 상대방의 감정을 파악해두는 것입니다. 상대방이 어떤 식으로 말하고 어떤 표정을 지었는지를 통해 어떤 감정을 느꼈다는 이야기인지를 이해하고 한마디로 요약합시다.

감정이 이야기의 핵심이지만, 여기에 살을 붙이기 위해 다음으로 주목할 것은 바로 고유명사입니다. 고유명사가 나오면 이야기의 뼈대가 될 확률이 높으니 빠뜨리고 못 듣는 일이 없어야 합니다. 가게 이름이나 지명 등을 잡아낸다면 요약하기도 쉬울 뿐만 아니라 앵무새처럼 따라 하기에도 도움이 됩니다.

그리고 다음은 이야기의 핵심에 초점을 맞춰 '누가', '언제', '어디서', '무엇을', '어떻게 되었다'를 듣는 데 집중하세요. 참고로 이야기의 핵심이란 처음에 '한마디로 표현한다면'에서 생각했던 상대방의 감정이 움직인 장면입니다.

상대방의 이야기를 들을 때는 이런 점들을 놓치지 않도

록 주의해야 합니다. 그리고 요약을 할 때는 당신의 의견이나 가치관을 보태지 마세요. 당신의 감정을 전할 때는 요약에 섞지 말고 '당신의 기분'으로 전달하는 것이 좋습니다. 이렇게만 해도 상대방은 당신이 제대로 들어주고 있다는 걸 느끼고 이야기를 계속할 겁니다.

지루함이 전해지기 전에

화제 바꾸기

유감스럽게도, 상대방이 매번 관심이 가는 이야기를 해주는 것은 아닙니다. 잡담이라는 것이 다루는 장르가 넓다 보니 가끔은 관심이 가지 않는 경우도 있습니다. 그렇지만 당신이 지루해하거나 관심이 없다는 모습이 전해지면 마음의 거리는 점점 멀어지겠지요. 그러면 이후로는 상대방과 무엇을 하든 관계가 삐걱거릴 가능성도 있습니다.

그러니 이런 위험을 최대한 줄이기 위해 다음과 같은 '화제를 바꾸는 대처법'을 꼭 기억해두세요.

① '그런데'

예를 들어 상대방이 분위기를 띄우고 싶었는지 누군가의 스캔들이나 야한 농담 같은 걸 했다고 칩시다. 이런 이야기들이 당신이 느끼기에 좋지 않은 화제라면, 공감하기가 불가능하니 과감하게 화제를 돌리세요.

먼저 추천하고 싶은 방법이 바로 '그런데'라는 접속부사입니다. 피하고 싶은 화제가 이어지고 있다면 키워드 하나를 골라내어 "그런데 ○○라는 가게는 가보셨어요?"처럼 장면을 전환해 다른 화제로 돌립시다.

물론 이 키워드를 사용해 "그런데 시간 괜찮으세요?"라고 잡담을 끝내게 하는 신호를 보내는 방법도 좋습니다.

② '그러고 보니 뭐 하나 물어봐도 될까요?'

대접하는 잡담을 하다 보면 상대방도 기분이 좋아져 자기 자랑만 계속 늘어놓을 때가 있습니다. 물론 당신도 참는 데는 한계가 있겠지요.

이럴 때는 "○○ 씨처럼은 아무나 못 해요!", "정말 재미있는 이야기네요"처럼 상대방을 칭찬하는 쿠션 표현 하나를 놓고, 곧바로 "그러고 보니 뭐 하나 물어봐도 될까요?"라고 하면서 화제를 바꾸는 식으로 제안해 이야기의 주도권을 가져오세요.

지금까지의 자랑 이야기와는 전혀 관계없는 화제로 돌리는 겁니다. 이때는 화제의 그러데이션은 신경 쓸 필요가 없으며, 지금까지의 이야기와 전혀 맥락이 없는 화제로 옮겨가도 상관없습니다.

많은 인원이 모인 자리는
잡담 연습에 최적

자리의 주도권은
남에게 맡겨도 된다

지금까지 잡담할 때 이야기를 듣는 방법에 관해 설명했습니다. 커뮤니케이션 능력은 뭐니 뭐니 해도 실전을 쌓아야 발전할 수 있습니다. 그래서 이야기 듣는 연습을 하기에 안성맞춤인 곳을 소개하고자 합니다. 바로, 3명 이상 여러 사람이 모여 잡담하고 있는 상황입니다.

　일대일이라면 어떻게든 이야기를 하겠는데 여러 사람과

하는 잡담은 어렵다고 느끼는 사람도 많습니다. 사실 여러 사람이 모여 잡담하는 자리는 이야기 듣는 연습을 하는 장소로 최적입니다.

여러 사람이 모여 커뮤니케이션을 하는 경우, 리더 역할을 하는 사람이 있기에 모든 사람이 동등하게 그 자리를 제어하는 건 아닙니다. 즉 대화를 주도하는 사람이 있는가 하면, 귀를 기울이고만 있는 사람도 있습니다. 당신이 전력으로 노력하지 않아도 누군가가 이야기를 해주니 힘을 빼고 자기만의 속도로 그 자리에 참여할 수 있습니다. 따라서 자신이 어떤 식으로 말하는지를 그리 의식하지 않고도 '듣기'에 집중할 수 있는 절호의 장소가 됩니다.

만약 당신이 잘 대처하지 못했다고 해도 다른 사람이 별개의 화제로 그 자리의 분위기를 회복시켜줄 터이니 전혀 두려워할 필요가 없습니다. 게다가 만약 잡담이 잘 안 되는 것 같더라도 그 자리의 전체적인 분위기 탓이 되기 때문에 당신과 누군가의 대인관계에 영향을 미치는 정도는 일대일일 때보다 작아집니다. 실수에 크게 신경 쓰지 않고 연습할 수 있다는 얘기입니다.

앞으로 많은 인원이 모여 잡담할 기회가 있을 때는 이것 저것 지나치게 욕심부리지 말고, '요약으로 대응하기'나 '질문하기' 등 듣기 방법 중에서 과제를 하나 정해놓고 참여해보세요. 지금까지는 많은 인원이 모여 잡담하는 자리가 고통스러웠겠지만, 앞으로는 분명 기다려질 것입니다.

'관찰력'을 단련하는
음소거 동영상 연습

대접을 목적으로 하는 잡담에서는 상대방이 어떤 감정으로 이야기하고 있는지를 잘 살피면서 듣는 것이 중요합니다. 상대방의 기분이 적어도 긍정적인지 부정적인지를 판단할 수 있는 연습을 해볼까요?

영화나 유튜브 동영상 등 영상 작품을 일부분이라도 좋으니 음소거로 해놓고 시청해보세요.

당연하지만 화자가 무슨 말을 하는지는 알 수 없습니다. 즉 비언어적 요소를 통해 어떤 감정으로 이야기하고 있는지를 상상할 필요가 있습니다. 관찰 결과 자기 나름대로 답이

나왔다면, 그 답이 맞는지 소리를 키우고 정답과 맞춰봅시다.

아주 간단한 연습이자만 이를 반복함으로써 '표정과 손 짓, 몸짓에 주목하는' 습관을 들일 수 있습니다.

소리를 듣기 어려운 시간을 효과적으로 활용하자.

입 모양을 보니 '이게 전부예요'라고 하는 것 같은데?

위잉~

CHATTING
WITHOUT
STRESS.

'말하기'는 항상 위험을 동반한다

마지막 단계에서는 '말하기'를 다룹니다. 단계 1에서 잡담의 목적을 명확히 하고, 단계 4까지 '자아 개방', '화제', '듣기'를 마스터했다면 이제 잡담에 스트레스를 느끼는 일은 없을 겁니다.

　대화라는 것은 캐치볼이라서 당신이 계속 아무 말도 하지 않고 있을 수는 없습니다. 그렇다면 스트레스 없는 잡담에서 말하기의 경우에는 무엇에 신경을 써야 할까요?

바로, 큰 실수를 하지 않는 것입니다. 여기서 말하는 큰 실수란 당신의 발언으로 상대방이 상처를 입어 지금까지 쌓아 올린 신뢰 관계가 무너져버리는 것입니다.

'실언'이라는 단어가 있듯이, '말하기'라는 행위는 위험을 내포하고 있습니다. 하지만 잡담을 못하는 사람일수록 자기가 이야기할 때 큰 실수를 하고 있다는 사실을 알아차리지 못하는 경우가 종종 있습니다. 지금부터 무엇이 잡담에서 큰 실수가 되는지를 설명하겠습니다.

지나친 수다의

두 가지 심리 상태

잡담에서 큰 실수로 이어지기 쉬운 경우는 지나치게 수다를 떨 때입니다. 지나치게 수다를 떠는 사람 중에는 자신의 감정이나 생각을 전부 토해냄으로써 스트레스를 해소한다는 이들도 있습니다. 하지만 잡담을 못해서 이 책을 읽고 있는 당신이라면 그런 유형은 아닐 겁니다.

　아마 말을 하고 싶어서 계속하는 것이 아니라, 자기 자신도 혼란스러운 상황에서 말을 내뱉고 있는 것은 아닐까요? 그러면 하지 않아도 될 말을 할 위험이 커집니다.

잡담을 못한다고 느끼는 사람이 지나치게 수다를 떠는 것은 주로 다음 두 가지 심리 상태가 나타날 때입니다.

① 인정 욕구가 강해졌을 때

첫째는 상대방이 자신을 알아주길 바랄 때입니다. 인정받고 싶을 때, 이른바 '인정 욕구'가 강해질 때입니다. 특히 스스로 자신감을 갖지 못할 때는 자기도 모르게 자신을 부풀려서 보여줍니다. 가치 있는 사람으로 인정받고 싶다는 기분이 강해지는 겁니다. 잡담하는 상대방에 따라서는 '좋아했으면 좋겠다', '싫어하지 않았으면 좋겠다'처럼 너무 많은 생각을 강하게 하는 경우도 있을 겁니다.

이럴 때 자기도 모르게 자신의 특기 분야 범위에서 자기가 유능하고 뛰어난 사람임을 과장해서 수다를 떠는 경우가 있습니다. 혹시 그 이야기가 상대방이 관심 없는 분야라면 지루해서 견딜 수 없는 시간이 될 겁니다. 설사 그 이야기에 상대방이 관심을 갖고 있다고 해도 당신에 대해서는 자만심이 강하고 불성실한 사람이라고 느낄 뿐입니다. 어쨌든 간에 상대방은 당신에게 부정적인 인상만 갖게 됩니다.

둘째는 침묵에 지나친 공포를 느끼고 있을 때입니다. 침묵하는 것을 극단적으로 두려워한 나머지 지나치게 수다를 떨었던 경험이 없나요?

어떻게 보면 이런 사람은 상대방을 잘 관찰하면서 열심히 이야기하고 있다고 생각합니다. 상대방에게서 긍정적인 반응이 나올 때까지 계속 화제나 표현을 바꿔가며 어떻게든 이야기를 이어나가 대화가 비는 시간이 없게끔 합니다. 하지만 그렇게 하는 이야기는 결론이 없거나 같은 말을 몇 번이나 되풀이하게 되기 때문에, 상대방 입장에서는 절대 기분 좋은 시간이 되지 않습니다.

지나치게 수다를 떠는 사람의 두 가지 상황을 제시했는데, 당신이 지나친 수다를 떠는 것은 상대방에게 부정적인 결과로 이어진다는 사실만 이해하면 됩니다. 또 당신이 지나치게 수다를 떠느라 상대방이 이야기할 시간을 빼앗고 있다는 사실을 잊어서는 안 됩니다. 상대방이 당신에게 하고 싶은 말이 있는데 시간이 없어서 이야기를 못 하게 돼 불만을 품는 경우도 있습니다. 이것이 대접을 목적으로 하는 적절한 행동이라고 할 수 없다는 점은 명백합니다.

자기 이야기는 10초 이내로

대접을 기본으로 하는 잡담은 이야기를 잘 듣는 것이 대전제이므로, 당신이 말을 하는 시간은 가능한 한 짧은 편이 좋습니다. 그렇다면 구체적으로 당신이 한 번 말하는 시간을 어느 정도로 줄이면 될까요?

미국의 대형 통신사인 AP통신은 2012년에 설문조사를 실시해 18~45세 성인의 집중력 지속 시간이 평균 8초였다는 결과를 보고한 바 있습니다. 이 숫자가 상당히 의외일 수도 있겠지만, TV 광고가 대부분 15초짜리로 제작된다는 점을 생각하면 그리 크게 벗어나지는 않는다는 걸 알 것입니다. 즉 당신이 이야기를 길게 해봤자 상대방의 집중력은 이미 흐트러져 있으며, 귀로는 들어와도 머리로는 이해되지 못하는 상태입니다. 따라서 한 번 말하는 시간은 10초 이내가 최적이라고 볼 수 있습니다.

물론 당신의 메시지를 매번 10초 이내로 전달할 수 있는 것은 아닙니다. 때로는 자아 개방을 해서 결론을 말하거나 질문을 해야 하는 등 나름대로 시간이 더 필요할 때도 있습니다. 만약 10초를 넘길 것 같다면 10초를 한 단위로 해서 이야기를 조립하는 연습을 해보세요. 예를 들어 30초라면 '10초×3'에 맞춰 '서론·본론·결론'을, 40초라면 '10초×4'에 맞춰 '기·승·전·결'을 균형 있게 조립하는 겁니다.

어디까지나 하나의 기준이니 엄밀하게 지킬 필요는 없습니다. 하지만 상대방의 집중력을 고려해 적절히 구분하면, 당신이 조금 긴 시간 동안 이야기하더라도 상대방의 부담은 훨씬 줄어들 것입니다.

'기·승·전·결'이라고 설명하니 '결론은 맨 처음에 전달하는 게 좋지 않나?'라고 생각하는 사람도 있을 것 같습니다.

　분명 비즈니스 세계에서는 무엇보다 결론부터 말해야 한다고 배웠을 겁니다. 하지만 잡담이란 궁극적으로 보면 쓸데없는 이야기이며, 항상 결론에 신경 써야 하는 것은 아닙니다. 이야기의 결론이라는 착지점이 있다면 분위기가 잘 살아나는 것은 분명합니다. 하지만 아마 대부분 사람은 그런 화술을 갖고 있지 않고, 그리 쉽게 익힐 수 있는 기술도 아닙니다. 결론 내기를 고집하는 것은 위험합니다.

　잡담은 의견을 발표하는 프레젠테이션이나 의견을 서로 맞부딪치는 토론과는 다릅니다. 다음과 같이 결론을 얼버무리거나 모호하게 남겨두는 것도 충분히 허용된다는 점을 기억해두세요.

　A: 아침 식사는 매일 하세요?
　B: 매일 아침 빵을 먹고 있어요.

그러시구나! 저는 꼭 밥을 먹어요.

취향이 갈리는 것 같은데, 몸에는 어떤 게 더 좋을까요?

글쎄요, 어느 쪽이든 안 먹는 것보다는 좋겠지요?

그렇죠.

물론 잡담이기 때문에 하나의 주제에서 화제가 점점 벗어날 가능성은 얼마든지 있습니다. 그 과정을 즐기는 것도 잡담의 매력이 아닐까요? 자기가 하는 말에 무리하게 결론을 짓는다면 상대방에게 그 의견을 강요하는 것으로 비칠 위험이 있으니 주의해야 합니다.

예를 들어 앞선 사례의 경우 다음과 같이 억지로 결론을 내린다면 어떻게 될까요?

"밥은 빵에 비해 첨가물이 들어 있지 않고 지방질의 양도 훨씬 적어요. 게다가 빵과 밥은 곁들여 먹는 것도 전혀 다르잖아요? 빵을 먹을 때는 보통 베이컨 같은 것도 함께 먹으니 그만큼 칼로리도 높아지지요. 그러니 건강을 생각한다면 아침 식사는 밥이 정답이에요."

이런 상황에서 상대방이 결코 기분 좋다고는 할 수 없을 겁니다.

잡담은 상대방과 나누는 언어의 캐치볼이니, 독선적으로 결론을 내고 끝내기보다는 상대방에게 질문을 했는데 이견이 있다면 그대로 인정하는 것이 중요합니다. 잡담에서 상대방이 원하는 것은 결론이 아니라 화기애애한 분위기입니다.

불필요한 한마디를
덧붙이지 않기

한마디 말로
신뢰 관계가 무너진다

한편 말하는 사람 입장에서 큰 실수를 하기 쉬운 부분이, 불필요한 한마디를 내뱉는 것입니다. 물론 본인은 악의가 없었을 것입니다. 하지만 그 한마디 때문에 상대방이 받는 인상이 매우 나빠질 수 있으며, 지금까지 쌓아 올린 신뢰 관계가 모두 무너지기도 합니다.

사람들이 무심결에 자주 사용하는 불필요한 한마디 세 가지를 소개하고자 합니다. 이 세 가지 말을 평소에 자주 하진 않는지 한번 돌아보세요.

① 겸손한 생각으로, 'OO이면 돼요'

이 한마디는 본인 입장에서는 겸손한 생각일지도 모릅니다. 하지만 상대방 입장에서는 '하는 수 없어서 마지못해 골랐어'와 같은 뉘앙스로 들릴 수도 있습니다.

예를 들어 다음과 같은 대화를 주고받을 때 당신은 어떤 인상을 받나요?

A: 여기까지 출장을 와주셨으니 점심은 저희가 살게요.
어떤 걸 드시고 싶으세요?
B: 짜장면 정도면 돼요.

B 입장에서는 상대방이 너무 마음 쓰지 않게 하려고 '대중적인 음식을 먹고 싶어요'라는 의미에서 한 말일 것입니다. 하지만 A 입장에서는 모처럼 대접하려고 했는데 자신의 성의가 너무나 가벼이 여겨지고 있는 것처럼 들리기도 합니

다. 이런 상황이라면 앞으로 A는 B에 대해 계속해서 긍정적인 마음을 갖기가 어려워질 겁니다.

이런 불필요한 한마디로 상대방을 상처 입히지 않게 하려면, 평소에도 "○○이면 돼요"는 절대 사용하지 말아야 합니다. 이 표현이 최적인 상황은 일상에서 존재하지 않습니다. 혹시 당신에게 예시와 같은 상황이 생긴다면 '○○이 좋다'라고 확실하게 의사 표시를 하기를 권합니다.

② 유능함을 보여주고자 하는, '한편으로는'

이것은 불필요한 한마디라기보다는 입버릇에 가깝습니다. 본인도 눈치채지 못할 때가 많은데, 이 표현은 의외로 상대방을 불쾌하게 합니다.

이 표현을 사용하는 사람 입장에서는 상대방의 말을 요약하거나 잘 듣고 있다는 점을 전하려고 그랬을 수도 있습니다. 다만 상대방의 이야기를 듣고 있음을 보여주려는 것이라고 해도 '한편으로는'이라고 말하는 것은 상대방과 같은 측면이 아니라 굳이 다른 측면에서 보고 있음을 드러내는 것입니다. 즉 내면 깊숙이 '나는 남들과 달라요', '나는 더 많은 것을 보고 있어요'라는 심리가 자리 잡고 있는 거죠. 그런 자신을 더 높이 평가해주길 바라는 거고요.

이런 표현을 몇 번이나 듣게 된다면, 상대방으로서는 당연히 불쾌하겠지요. 게다가 그 주장을 논리적으로 분석해보면, 자기 이야기와 별반 다를 것도 없습니다. 즉 언어 측면에서도 적당하지 않은 말인 겁니다.

만약 자신에게 이런 입버릇이 있다는 걸 알게 됐다면 앞으로는 절대 사용하지 말기를 권합니다. 애초에 상대방의 이야기에 대해 긍정하는 것인지 부정하는 것인지도 알기 힘든 표현인 데다, 상대방을 짜증 나게 할 가능성도 있기 때문에 좋은 점이 하나도 없는 표현입니다.

③ "살쪘어?" 등 외모에 대한 지적

오랜만에 만난 상대방에게 아무렇지도 않은 얼굴로 "요새 좀 피곤해요?"라고 말하는 사람은 상대방을 상처 입힐 가능성이 큽니다. 이 밖에도 "살쪘어?", "피부가 좀 까칠하네", "건강검진에서 뭔가 나오지 않았어요?" 등도 상대방의 겉모습에 관한 무신경한 발언입니다.

이런 사람은 자기 딴에는 걱정해서 하는 말이라고 생각하겠지만, 듣는 사람을 전혀 배려하지 않은 표현입니다. 항상 자기에 대해서만 관심을 갖고, 자신의 감정이나 생각을 머릿속에서 전혀 곱씹어보지 않은 채 그대로 내뱉는 사람이라고 할 수 있죠. 좋게 말하면 '자기 속도로 가는 사람'이라고 할 수도 있지만, 상대방으로서는 그저 험담으로만 들릴 뿐입니다.

이렇게 무신경한 발언을 하는 사람에게는 자각 증상이 없기에 개선되기까지 시간이 걸립니다. '난 이런 말은 안 해'라고 생각하는 사람이라도, 지금까지 단 한 번도 그런 적이 없다고 단언할 순 없지 않을까요? 우선 어쩌면 무신경한 한마디를 내뱉었을 수도 있다고 생각해보는 데서부터 시작했으면 합니다.

무신경한 한마디를 예방하려면 상대방을 제대로 관찰하고, 상대방의 입장에 서본 다음에 말해야 합니다. 처음에는 머릿속에 떠오른 것을 아무런 필터도 거치지 않고 내뱉는 것부터 멈춰봅시다. '혹시 내가 똑같은 말을 듣는다면 싫지 않을까?'라고 자신에게 질문을 던져보고 나서 말하는 습관을 들입시다.

이 불필요한 한마디들은 지금까지 쌓아온 신뢰 관계를 무너뜨릴 만큼의 파괴력이 있습니다. 다만 사람인 이상 누구든 자기도 모르게 이런 말을 해버릴 가능성은 있습니다. 그럴 때는 솔직하게, 상대방을 상처 입힌 것에 대해 진심으로 사과해야 합니다.

그런데 불필요한 한마디를 무심결에 내뱉는 사람은 사과를 할 때마저 불필요한 한마디를 덧붙이곤 합니다. 본인으로서는 진지하게 사과할 생각이었겠지만 주위 사람들의 짜증을 부르는 겁니다.

예를 들어 사과를 하는 와중에 자기도 모르게 변명을 하거나 정당화하지는 않습니까? 변명이란, 다음과 같이 조금이라도 책임을 회피하려는 자세가 배어 나오는 것을 말합니다.

"기분 상하는 말을 해서 죄송합니다. 하지만 정말로 그런 마음으로 한 말은 아니었어요."

한편 정당화란 다음과 같은 사회적 비교로, 부분적으로는 자신의 책임을 인정하지만 그렇게까지 비난받을 만한 일은 하지 않았다고 말하는 자세가 포함됩니다.

"분명 제가 잘못한 부분이 있긴 하지만, 다른 사람들도 똑같이 말하니까요."

이런 식의 사고라면 진심으로 하는 사과라고 할 수 있을까요? 불필요한 한마디를 내뱉은 것 같다면 사과부터 하세요. 사과를 할 때도 불필요한 한마디를 더하지는 않는지 신경 써야 하고요.

험담은 하이 리스크 하이 리턴

영향력이 강한
'비밀의 공유'

말을 할 때 저지르는 또 다른 큰 실수는 험담이나 가십을 소재로 삼는 것입니다. 물론 눈앞의 상대방이 아니라 연예인이나 서로가 잘 아는 제3자에 관한 것이죠. 이런 소재가 친분이 깊지 않은 상대방과도 한순간에 마음을 터놓을 수 있는 강력한 무기라고 느끼는 건 아닐까요?

A: 우리 사장님은 어찌나 짠돌이인지, 같이 회식을 하러 갔는데도 각자 계산이에요.

B: 그래요? 통 크게 내주시면 좋을 텐데요!

A: 맞아요! 월급도 쥐꼬리예요. 근데 이건 사장님한테는 비밀로 해주세요.

B: 네, 물론이죠!

어쩌면 당신도 때로는 이런 식의 대화를 주고받은 적이 있을 것입니다. 화기애애하고 즐거운 분위기로 보이죠. 이는 비밀의 공유로 인한 심리 효과인데, 아무한테도 말할 수 없는 것을 전달함으로써 상대방에게 특별한 사이라는 느낌을 줄 수 있습니다.

또 비밀을 들은 상대방도 '내가 그만큼 신뢰받고 있구나' 라고 동료 의식을 느끼게 되며, 나아가 인정 욕구도 채워집니다. 덧붙이자면, 특별한 대우를 받았다는 마음에서 자신도 이와 같은 수준의 비밀을 되돌려줘야 한다고 생각하는 상호성의 원리도 작용합니다.

이렇게 설명하면 험담과 같은 비밀의 공유라는 것은 잡담 장면에서는 상대방의 개체공간에 들어갈 수도 있는, 매우 강력한 무기인 것처럼 보입니다. 하지만 이 방법은 상대방과의 관계가 웬만큼 친밀하지 않으면 위험합니다. 친분이 깊지 않은 사람에게 누군가에 대해 푸념할 경우, 상대방은 무거운 내용으로 받아들일 수도 있습니다. 그뿐만이 아니라, 상대방과의 거리감이 어떻든 간에 최종적으로는 그 비밀을 폭로당할 가능성도 있습니다. 즉 그만큼의 위험을 각오해야 한다는 거죠.

만약 상대방이 험담을 화제로 꺼냈을 때는 거기에 너무 동조하지 않도록 주의하세요. 시간이 지나고 나서 발목을 잡힐 가능성도 있습니다. 상대방이 누군가의 험담을 공유하려는 것 같다면 "얼마 전에 만났을 때는 그렇게 보이지 않았는데" 같은 식으로 모호하게 대꾸하는 것이 좋습니다. 또는 "그것 참 큰일이네요"라는 식으로 눈앞에 있는 상대방의 기분에 초점을 맞추되 그 이상의 반응은 보이지 않는 겁니다.

험담은 심리적으로도 상대방에게 특별한 감정을 줄 수 있지만, 그에 따른 위험이 너무 큽니다. 그래서 저는 사소한 푸념을 할 상대방은 마음을 허락한 친구나 가족으로 한정할 것을 추천합니다.

'말하기'는
상대방이 있어 완성된다

상대방을 배려하는 질문법

당신이 잡담의 중심이 되었을 때 본인 이야기로 분위기가 무르익는다면 기쁠 겁니다. 상대방과 즐겁게 잡담으로 분위기를 띄우려면 물론 자기 혼자만 말하고 있어서는 안 됩니다. 때로는 상대방에게 질문을 던지고 반응을 봐야 합니다.

그럴 때 '이런 걸 물어보면 실례가 아닐까?'와 같은 심리가 작용하기도 합니다. 이런 심리 탓에 질문을 할 때마다 마치 입버릇처럼 다음과 같이 말을 떼기도 하죠.

"대답하기 어려울지도 모르지만…"

"무리해서 대답하지 않아도 되니까…"

아마도 본인으로서는 상대방이 기분 상하지 않도록 회피할 구석을 마련해주는 대접 차원의 서론일 겁니다. 물론 한두 번 정도라면 문제없습니다. 하지만 질문할 때마다 입버릇처럼 이런 말을 하면, 상대방은 '내가 엄청나게 조심스러운가 봐' 하고 심리적인 벽을 느낍니다.

그런 서론을 깔아놓지 않아도 되게끔, 자기 이야기를 확장하기 위해 상대방에게 질문을 던질 때는 다음 두 가지 포인트를 기억해두세요.

① 상대방의 이름을 넣기

첫째는 "○○ 씨는 어때요?"나 "○○ 씨 생각은 다른가요?" 등과 같이 상대방의 이름을 넣는 것입니다. 이름을 넣으면 상대방과의 거리가 가까워지고 대화에 활기를 띠게 하는 계기가 되기 때문입니다.

게다가 이름을 넣음으로써 '당신의 의견을 듣고 싶다'라는 자세를 확실히 전할 수 있다는 이점도 있습니다. 상대방의 이름을 넣어주기만 해도 질문의 효과를 몇 배나 높일 수 있는 것입니다.

둘째는 "어때요?"나 "다른가요?"처럼 완곡한 표현을 사용해 질문하는 것입니다. 이렇게 질문하면 반론의 여지를 남기게 됩니다.

만약 상대방이 당신과 다른 생각을 갖고 있다면, 그가 말을 꺼내기 쉽게끔 질문해주려는 노력이 필요합니다. 절대로 "○○ 씨도 저와 생각이 같지요?"라는 식으로 동조 압력을 가하지 않도록 주의하세요.

상대방을 통해
이야기를 확장하기

이야기를 확장할 때 당신만 상대방에게 질문해서는 균형이 잡히지 않습니다. 그래서 상대방이 당신에게 질문해주게 하는 방법을 설명하고자 합니다. 언뜻 어려워 보일 수도 있지만, 단순한 장치를 만들면 충분히 가능해집니다.

사람이 질문하고 싶어질 때는 언제일까요? 바로 자기가 생각하고 있는 것과 눈앞에서 벌어지고 있는 것에 차이가 생겼을 때입니다.

예를 들어 상대방이 키가 190센티미터이고 덩치도 좋은 남성이라고 칩시다. 그런 사람을 보면 당신은 그가 어떤 운동을 했을지 이리저리 생각해볼 겁니다. 그런데 상대방에게서 "학창 시절에는 항상 문화부였어요"라는 말을 듣는다면 어떨까요? 아마도 당신은 '어라? 이 축복받은 체격으로 운동부가 아니라고?' 또는 '온갖 동아리에서 스카우트 제의를 받았겠지?', '언제부터 이렇게 키가 컸을까?' 등 신경 쓰이는 의문이 머릿속에 잔뜩 떠오를 것입니다.

이처럼 '○○이지만 ××'라는 점이 질문하고 싶어지는 요소가 됩니다. 즉 상대방에게 질문을 하게 하려면 당신의 이야기 중에서 '○○이지만 ××'를 머릿속에 어떻게 떠올려주느냐가 관건입니다.

예를 들어 제 지인인 정신건강의학과 의사의 명함에는 이름 옆에 '피를 잘 못 봄'이라고 적혀 있습니다. 이것을 봤을 때 당신의 머릿속에선 '의사인데 피를 잘 못 본다고?'라는 생각이 제일 먼저 떠오를 겁니다. 그런 다음에는 '채혈하는 것도 무서워하려나?', '원래 의사 말고 다른 직업을 생각했던 걸까?', '피를 못 봐서 정신건강의학과를 선택했을까?' 등 여러 가지를 질문하고 싶어지겠지요.

물론 명함을 사용하지 않고, 잡담 중에 이야기를 조금씩 유도할 수도 있습니다.

의사: 회사 건강검진 시기가 다가오고 있지요?

환자: 맞아요. 매년 10월에 안내 문자가 와요.

의사: 저와 같은 시기네요. 하지만 제가 피를 무서워해서, 벌써부터 겁이 나요.

환자: 예? 의사 선생님인데 피를 무서워하세요?

이처럼 차이가 있다는 사실을 상대방이 눈치채도록 키워드를 슬쩍슬쩍 꺼내는 겁니다. 어디까지나 은근슬쩍 하는 것이 중요하니, 나직이 중얼거리는 듯한 느낌으로 해야 하죠. 어느 정도의 비율이나 속도감으로 꺼내놓아야 상대방이 알아채는지, 그 감각은 실전을 통해 단련해나갑시다.

만약 자신에게는 그런 차이가 없다고 생각된다면, 주위에서 당신을 평소에 어떤 식으로 생각하는지 객관적으로 되돌아보세요. 앞서 언급한 '○○이지만 ××'에서 '○○'에는 기본적으로 겉모습이나 분위기, 직업이 주는 이미지 등의 요소가 들어옵니다. 따라서 다른 사람이 당신을 보고 흔히 갖는 인상을 알아둘 필요가 있습니다. 예를 들면 '점잖을 것 같다', '장난기가 있을 것 같다', '냉정하고 차가울 것 같다' 등입니다.

그런 다음 차이를 만들려면 자신의 인상과는 정반대로 느껴지는 특징이나 사항을 '××'에 대입하는 것입니다. 그러면 다음과 같은 차이가 생겨납니다.

"(점잖을 것 같지만) 록밴드를 좋아해요."

"(냉정하고 차가울 것 같지만) 슬픈 영화만 보면 펑펑 울어요."

참고로 여기서 '××'에는 약간 관심이 갈 만한 정도의 것이면 충분합니다. "(장난기가 있을 것 같지만) 요즘 좌선을 시작했어요" 정도로도 잡담이 충분히 성립됩니다. 허들을 그다지 높이지 않고도 편하게 잡담을 확장할 수 있는 소재를 마련해보세요.

상대방이 보내는
신호를 알아채주기

상대방이 질문하게 하는 요령 차원에서 소개했지만, 원래 사람은 언급해주었으면 하는 것을 무의식중에 드러내는 법입니다. 당신도 누군가가 언급해주었으면 하는 것을 은근슬쩍 드러내 상대방이 질문해준 적이 있지 않습니까? 머리를 한 다음 날 머리카락을 유난히 더 만지작거린다든지 하는 식으로 말입니다.

잡담 상대방도 마찬가지입니다. 예를 들어 상대방에게 느닷없이 "고향이 어디세요?"와 같은 질문을 받았다면, 대답하고 나서 "○○ 씨는 어디세요?"라고 되물어보세요. 상대방이 그 화제로 이야기하고 싶어 조금 보여준 키워드일 가능성이 있으니까요. 그러면 "인구가 1,500명 정도 되는 섬이에요. 사방이 바다라서 눈만 뜨면 수영을 하곤 했어요"와 같이 굉장히 흥미로운 대답이 돌아올지도 모릅니다.

사람은 자기가 말하고 싶은 것을 말할 수 있으면 그 대화에서 느끼는 만족도가 높아지는 법입니다. 상대방이 말하고 싶어 하는 것을 알아채 당신이 그 얘기를 꺼내준다면, 분명 상대방은 당신과 이야기하는 것이 즐겁다고 생각할 겁니다.

지나친 수다를 멈추는 연습

'지나치게 수다를 떤다'라고 고민하는 사람은 말을 멈추려고 해도 자기 의지만으로는 개선하기가 상당히 어렵습니다. 다음 연습을 반복하면서 입을 다무는 버릇을 몸에 새깁시다.

고무공(또는 들기 쉬운 물건)을 손에 들고 영화나 드라마를 시청해보세요. 이때 주인공을 자기 자신이라고 생각합니다. 연습의 규칙은 세 가지입니다.

① 주인공이 말하고 있을 때는 공을 손에 든다.

② 주인공이 말하고 있지 않을 때(다른 사람이 말하고 있을 때)는 공을 책상에 둔다.

③ 공을 들고 있지 않을 때는 반드시 입을 꼭 다문다.

의지와 동작을 연동함으로써 '입을 다무는' 행위를 몸에 새깁니다. 반복해서 연습하면 잡담 자리에서도 지나친 수다를 스스로 제어할 수 있게 됩니다.

② 주인공이 말하고 있지 않을 때

최적의 실전 연습 장소는 미용실

잡담은 사람과 사람 간의 커뮤니케이션이라서 실전을 통해 경험을 쌓을 필요가 있습니다. 이에 추천하는 상대방이 바로 미용사입니다.

미용실에서는 당신에게 담당자가 붙기 때문에 일대일 대화를 연습하는 데 최적의 환경입니다. 물론 미용사의 성격에 따라 다를 수 있겠지만, 상대방도 손님과 잡담하고 싶다는 생각이 있을 겁니다. 적어도 당신이 잡담하고 싶어하는 걸 귀찮아할 일은 없습니다. 만약 당신이 잡담을 잘 못하더라도 상대방이 보조해서 어색한 분위기가 되지 않게끔 도와줄 겁니다. 그러니 안심하세요.

그리고 연습 차원에서 잡담할 때는 반드시 개인적인 과제를 정해놓고 도전하세요. 예를 들면 '오늘은 자아 개방을 원활하게 잡담에 넣고, 도중에 화제를 바꿔보기' 등입니다. 그렇게 해서 조금씩 성공 경험을 쌓아간다면 '잡담이 스트레스'라는 고민에서 해방될 겁니다.

머릿결이 참 곱네요.

뭐라고 답할까····.

잡담이란 어디까지나 커뮤니케이션의 일부이며, 거기에는 대인관계의 문제가 짙게 반영되어 있습니다. 제가 정신건강의학과 의사나 산업의로서 상담받는 내용도 대인관계의 문제인 경우가 적지 않습니다. 서로 대접하는 마음이 있다면 이렇게까지 큰 문제로 발전할 일은 없지 않았을까 하는 사례도 자주 접합니다. 이처럼 커뮤니케이션 때문에 고민하는 사람들의 이야기를 들어왔기에, 잡담의 중요성이나 마음가짐 등을 많은 사람에게 꼭 전해드리고 싶었습니다.

그런 한편 집필하기 직전에는 '정말로 내가 써도 되는 걸까' 하고 고민했던 것도 사실입니다. 그도 그럴 것이, 보통 사람의 상식으로는 의사가 잡담하는 모습을 상상하기 어렵기 때문입니다. 더 구체적으로 말하자면, 잡담하는 의사에게 성실함이나 품위가 없다고까지 느껴지지는 않을까 하고 걱정했습니다.

하지만 스승이기도 한 고쿠부 병원의 기노시타 히데오 교수님 진료를 떠올려보고 나서, 그런 불안을 떨쳐낼 수 있었습니다. 잡담을 통해 환자와 양호한 관계를 구축하고 이인삼각으로 치료해나가는 모습에서 잡담의 중요성을 새삼 배울 수 있었습니다. 그리고 저를 찾아온 상담자가 잡담에 대한 불안을 해소하고 자신감을 키워가는 모습을 본 것도 이 책을 집필하는 데 결정적인 계기가 되었습니다. 그 상담자에게 얽힌, 특히 인상적이었던 에피소드를 소개하고자 합니다.

그분은 사회인이 되고 나서 처음 보는 사람과 이야기할 기회가 늘어나 '나는 잡담을 잘 못한다'라는 것을 다시금 인식하게 된 상태였습니다. 잡담이 필요할 때마다 긴장 때문에 머릿속에 안개가 낀 것 같고, 자기도 무슨 말을 하고 있는지 모를 만큼 횡설수설하기 일쑤였다고 합니다. 그처럼 스트레스가 가득한 상태에서 상담을 받으러 왔습니다.

그에게 가장 충격적이었던 것은, 학창 시절 친구를 우연히 봤는데도 '여기서 말을 걸어봤자 분위기만 이상해지는 거 아닐까?' 하는 생각에 먼저 말을 걸지 못한 일이었다고 합니다. 인간관계를 스스로 좁혀버릴 만큼 커뮤니케이션에 울렁증을 갖고 있었던 겁니다.

그로부터 반년 동안, 이 책에서 소개한 내용을 저와 함께 조금씩 계속 연습했습니다. 결코 잡담을 잘한다고까지는 할 수 없지만, 잡담해야 할 상황이 와도 불안을 느끼지 않는 사고 회로가 만들어져 스트레스를 느끼지 않는 수준으로까지 달라졌습니다. 그리고 1년 후에는 때마침 연락을 받은 고등학교 동창회에 밝은 기분으로 참석할 수 있게 되었습니다.

분명 지금도 잡담에 스트레스를 느끼지 않고 잘 지내리라 믿습니다. 저부터가 그의 달라지는 모습을 지켜보면서 이 책에서 전해드린 내용에 절대 틀림이 없구나 하는 자신감을 얻을 수 있었습니다.

　이 책을 읽어준 당신도 분명 그분처럼 달라질 수 있습니다. 잡담에 대한 스트레스를 없애고 조금이라도 행복하게 살아가는 인생이 되기를 진심으로 기원합니다.

이노우에 도모스케

옮긴이 류두진

서울외국어대학원대학교 통역번역대학원 한일과를 졸업했다. 바른번역 아카데미에서 일어
출판번역 과정을 수료 후 소속 번역가로 활동 중이다. 옮긴 책으로는 『클린』, 『아마존처럼
회의하라』, 『모빌리티 3.0』, 『리더는 칭찬하지 않는다』, 『도전과 진화의 경영』, 『아마존 뱅크
가 온다』, 『테크놀로지 지정학』, 『2022 누가 자동차 산업을 지배하는가?』, 『아마존 미래전략
2022』, 『나이를 잊게 하는 배움의 즐거움』, 『어쩐지 더 피곤한 것 같더라니』, 『뭐든 시작하면
어떻게든 된다』, 『문과생을 위한 이과 센스』, 『프로그래밍의 정석』, 『어쩌지 아재』, 『진심으
로 산다』, 『98%의 미래, 중년파산』, 『전설이 파는 법』, 『반응하지 않는 연습』, 『머리가 새하
애질 때 반격에 필요한 생각정리법』, 『3색볼펜 읽기 공부법』, 『7번 읽기 공부법』 등이 있다.

호감 가는 사람들의 5가지 대화 패턴

초판 1쇄 발행 2022년 1월 19일

지은이 이노우에 도모스케
옮긴이 류두진
펴낸이 김선준

책임편집 마수미, 배윤주 **디자인** 김세민
마케팅 권두리, 신동빈 **홍보** 조아란, 이은정, 유채원, 권희, 유준상
경영지원 송현주, 권송이

펴낸곳 ㈜콘텐츠그룹 포레스트 **출판등록** 2021년 4월 16일 제2021-000079호
주소 서울시 영등포구 여의대로 108 파크원타워1 28층
전화 02) 332-5855 **팩스** 070) 4170-4865
홈페이지 www.forestbooks.co.kr **이메일** forest@forestbooks.co.kr
종이 ㈜월드페이퍼 **출력·인쇄·후가공·제본** 한영문화사

ISBN 979-11-91347-54-8 (03190)